広島修道大学学術選書 53

都市交通政策概論

―― 自動車と公共交通 ――

木谷直俊

九州大学出版会

はしがき

　わが国は昭和35年頃から急速なモータリゼーションが進展してきた。最近では自動車保有台数の右肩上がりはなくなりつつあるものの，都市における交通混雑，事故，環境汚染，公共（公衆）交通（地下鉄などの軌道系）の資金問題，非軌道系の公共交通であるバスの規制緩和によるバス路線の縮小といった問題等は依然として重要な社会問題である。こうした問題はかつてほど議論されないように思われるが，問題が解決したわけではない。しかし，本著が問題にしようとするのは，そうした個別の問題だけでなく，全体として自動車と公共交通との「バランス」あるいは共存の可能性，そのための都市づくりはいかにあるべきかといった問題であり，この課題は依然として未解決であるように思われる。そのため本著は個別の問題を扱いながら，全体として自動車と公共交通の「バランス」はいかにして実現しうるかを検討するものである。以下は各章のポイントである。

　まず，序章では，わが国の都市交通のきわめて簡単な現状を述べている。自家用自動車の普及は第2次大戦後の昭和35年頃から急速に普及し，その過程で渋滞，大気汚染，交通事故，公共交通の財政難等の多くの問題が発生した。現在では大都市よりも地方都市での交通問題が深刻に見えるが，大都市でも軌道系交通手段のための膨大な整備費用の問題，地方都市ではバス路線の縮小，そのことによる交通弱者の発生等，大都市でも地方都市でも自動車と公共交通の「バランス」問題が存在することを指摘する。

　第Ⅰ部の欧米の都市交通では上記のような問題を考えるために欧米の都市交通の歴史と動向について述べる。この部分は，本著において個別の問題はさることながら最終的には何が問題なのかを検討するための基礎となっている。

　第Ⅱ部の自動車交通論では自動車交通の個別の問題を扱う。第1章では，

混雑対策についての混雑税等をはじめとする経済学的観点からの基本的視点を提示している。第2章の有料道路論は都市交通に限定されていないのであるが，有料道路の料金論，道路公団民営化問題等を展開している。そして，最近，議論されている有料道路無料化論については異種交通手段間の資源配分の観点から検討している。第3章の交通と環境では，最近ではハイブリッド自動車等の普及等が進展してきているが，環境問題対策としては技術革新を促すための価格メカニズムの重要性を指摘する。また，道路財源等についても資源の効率的配分の観点から特定財源制度を維持すべきであったことを述べている。第4章のバリアフリーと交通では高齢化社会になる中でバリアフリー対策が重要となるが，イギリスやスウェーデン，アメリカ等では，こうした問題に関して人権問題あるいは交通政策としてアプローチしているのに対して，わが国では基本的視点が明確でないことや高齢化社会においてはスウェーデン等のSTS（スペシャル・トランスポート・サービス）が重要であることを述べている。その他，道路のバリアフリー対策についても述べている。第5章は交通事故と自動車賠償責任保険（自賠責）問題を扱っている。最近は交通事故が減少してきているものの，高齢者の事故が増大し，自賠責会計は赤字となり，料率の引き上げが行われている。そこで，ここでは自賠責問題，その他を扱っている。

　第Ⅲ部の公共交通では軌道系の整備のあり方および非軌道系のバス・タクシーの規制緩和の問題を扱っている。第1章では，従来，公共交通には参入規制，料金規制等が存在していたが，その論拠およびラムゼイ価格論等の運賃論を展開している。その一方で公共交通の規制緩和も進展しており，その背景等についても述べている。第2章では軌道系の公共交通の整備のあり方について不十分ではあるが，上下分離制度等について述べている。しかし，ここではより幅広い政治経済学的観点から大都市における過度の人口集中を問題にしている。第3章ではバスの規制緩和問題について述べている。第4章はタクシーの規制緩和問題を扱っている。

　終章の都市と交通では，大都市への一極集中問題を扱うとともに，都市においては大都市だけでなく地方圏でも自動車と公共交通の「バランス」をはかるためには自動車は混雑税等の適切な費用を負担するとともに交通政策は

都市政策とパッケージで扱うべきであるという「常識的」な結論となっている。しかし，この点は近年の欧米におけるサスティナブル（持続可能）な都市づくりにも通じるものがあると思われる。

なお，本著は，広島修道大学総合研究所（現，広島修道大学学術交流センター）から2003年に『都市交通』というタイトルのもとに発表したものを大幅に修正・加筆し出版したものである。その理由は『都市交通』が出版された後に規制緩和，再規制，その他の制度上の変化が生じたことによる。さらに，現実には人口がますます大都市に集中していることへの危惧の念からである。そのため，本著は，時間がある程度経過しているために詳細な政策変更点などを完全にカヴァーしえていないケースもあるものと思われるが，筆者が学生時代の頃から始まった自動車社会の出現によって社会がどのように変化するのであろうかという素朴な疑問に対する筆者の1つの答えでもある。もちろん，異なる見解も存在するはずであるし，こうした研究の意義を問題視する議論もあるであろう。とはいえ，かつてイギリスの著名な交通経済学者ギリアムは，こうした分野はいかにまとめるかが困難な分野であると述べている。

最後に，このような出版を認めていただいた広島修道大学学術交流センターからは出版助成金が交付されており，広島修道大学学術交流センターおよび広島修道大学に対して謝意を表するものである。また出版は九州大学出版会のご好意によるものであり，等しく謝意を示したい。なお，本稿の完成にあたり，大学院時代に指導を賜った今野源八郎教授（故人），増井健一教授（故人），藤井弥太郎教授，中西健一教授の学恩に感謝するとともに，広島修道大学の時政　勗教授，太田耕史郎教授による適切なアドバイス，および，かつて広島修道大学大学院商学研究科の学生であった山瀬隆明氏（現在，広島電鉄勤務），ゼミの卒業生である石崎翔子さんによる原稿チェック等の支援をいただいた。記してお礼申し上げます。

平成24年2月

木 谷 直 俊

目　次

はしがき ………………………………………………………………… i

序　章　わが国の都市交通問題 ……………………………………… 1

第Ⅰ部　欧米の都市交通

第1章　欧米における都市交通の歴史 ………………………………… 7
1. 公共交通の始まり　7
2. 馬車によるオムニバス　8
3. 鉄道馬車（ホース・トラム）　9
4. 1880年代までの機械化された公共交通　9
5. 電車（エレクトリック・トラムウェイ）の発明　10
6. 自動車の普及　13
7. 結　び　15

第2章　現代の欧米の都市交通 ………………………………………… 17
1. 車の保有と所得　17
2. 交通の動向　18
3. 都市交通問題　22
4. 交通政策　23
5. 欧米の都市交通のまとめ　29

第Ⅱ部 自動車交通論

第1章 混雑対策 ……… 33
1. 需要のコントロール　33
2. 混雑税（ロード・プライシング）　34

第2章 有料道路論 ……… 41
1. 有料制の採用　41
2. 画一料率を前提にしたプール制　46
3. 道路公団民営化までの道路整備と道路公団民営化の問題　50
4. 有料道路無料化論と都市間交通手段の選択　53

第3章 交通と環境 ……… 59
1. はじめに　59
2. 地球温暖化と排出権取引　59
3. 自動車の環境対策　61
4. 環境問題における汚染者負担原理および規制と価格メカニズム　64
5. 環境税と公共交通への補助　76
6. 環境問題と被害者の保護　78
7. 結論　78

第4章 バリアフリーと交通 ……… 81
1. バリアフリーが求められる背景　81
2. 交通バリアフリー法と効率　81
3. 道路とバリアフリー　90

第5章 交通事故と自賠責保険問題 ……… 94
1. 高齢者事故の増大　94
2. 交通事故の保険と補償　95

3. 自賠責保険問題 ── 対策はあるか ── *100*
4. 民間自動車保険の免責制度および割引制度 *102*

第Ⅲ部　公共交通

第1章　規制の論拠と料金理論 … *107*
1. 規制の論拠 ── 財の必需性と自然独占 ── *107*
2. 料金理論 *108*
3. 参入規制と規制緩和 *115*

第2章　軌道系の整備 … *118*
1. 私鉄・地下鉄等の法制度 *118*
2. 地下鉄建設の問題とラムゼイ価格 *119*
3. 上下分離制度 *121*

第3章　バス交通 … *125*
1. わが国のこれまでの乗合バス制度 *125*
2. 規制緩和論 *128*
3. 規模の経済性を前提にした補助論 *129*
4. イギリスのローカル・バス自由化 *133*
5. ローカル・バスの規制緩和の評価 *135*
6. わが国における規制緩和後の現状 *143*

第4章　タクシー … *148*
1. 同一地域同一運賃への批判 *148*
2. 規制緩和への流れ *149*
3. タクシーの自由化 *151*
4. 運賃政策上の課題 *154*
5. タクシーサービスの自由化 *156*
6. 残された課題 *158*

終　章　都市と交通 …… 161
1. 巨大都市の生成と土地利用　*161*
2. 人口移動の理論　*164*
3. 都心部再生と交通　*167*
4. 都市と道路投資　*169*

あ と が き ……………………………………………………… 177

参 考 文 献 ……………………………………………………… 181

索　　　引 ……………………………………………………… 189

序　章　わが国の都市交通問題

　戦後,わが国では昭和30年代後半から自家用自動車が普及しはじめ,昭和40年は「マイカー元年」と呼ばれるようになった。この昭和30年代後半から昭和48年秋のオイルショック後までのモータリゼーションの進展は,著しいものがあった。昭和35年の自動車の保有台数は約10万台であったのに対し,昭和51年には約30倍の3,007万台に達し,アメリカに次ぐ第2位の自動車保有国になった。そのため,昭和50年の自家用自動車の世帯当たり普及率は50.5％となり,「2世帯に1台」の割合となった。これを地域タイプ別にみると,大都市の中心部よりも大都市周辺部,中小都市中心部,都市近郊郡部,純農村の順で普及率が高くなっており,地域によっては「1世帯に1台」となってきた[1]。

　しかしそれに伴う交通問題も深刻になってきた。まず,都市部への産業集中に伴って,全国土の2.7％を占めるに過ぎない市街地に全人口の約半数(昭和46年で51.4％)が集中するようになった。それに伴って,通勤・通学混雑,自動車交通事故,道路交通公害といった交通問題が発生するようになった。例えば,東京圏の鉄道のラッシュ時間帯の混雑率の推移を見ると昭和40年度には平均250％,区間によっては物理的限界といわれる300％を超えるものもあった。また,自動車交通事故による死傷者数は,昭和45年に約100万人に達した。死傷者数は昭和46年から昭和50年代にかけて減少するが,昭和50年代後半から再び増加傾向に転じた。

　バブル期以降になると,地価の高騰,土地の狭隘等によって都心の定住人口が減少し,昼夜間の都市構成のアンバランスが問題化するようになった。都心3区(千代田区,中央区,港区)の昼間人口比率の推移を見ると,昭和55年に昼間人口が夜間人口の6.8倍であったものが,昭和60年には7.8倍,平成2年には10.2倍と推移した。

そのため，都市交通問題はいっそう深刻化するようになった。すなわち，通勤・通学輸送について混雑以外に，都心の地価高騰等による住宅地の郊外への拡大に伴う通勤者の通勤時間の長時間化がいっそう伸長してきた。道路渋滞においても，昭和50年代半ば以降の自動車保有台数のさらなる増加を反映して目覚ましい改善は見えず，大都市部を中心に厳しい状態が続いた。交通事故死亡者数については昭和63年から平成7年までに8年連続して1万人以上を超え，第2次交通戦争と呼ばれるほどであった。さらに環境面においても窒素酸化物等による大気汚染問題が深刻となり，数度にわたる排出ガス規制の強化を実施したものの，自動車交通量のいっそうの増大を背景に，二酸化炭素や浮遊粒子状物質等の環境基準達成状況は芳しくない等，厳しい状況が続いてきた[2]。

最近では以下に述べるように交通環境は改善されたように見えるが，平成20年度の自動車保有台数（三輪以上）は約7,500万台に達している。これは国民1.7人に1台の割合に相当する。これを西欧諸国と比較すると人口当たりの自動車保有台数はアメリカでは804台／千人，フランス607台／千人に対し日本は588台／千人となっているが，自動車保有台数は今後とも増大するものと予測されている[3]。

ところで，近年，大都市での軌道系交通手段の整備，地方都市での道路整備もある程度進んできた。そのため人々の交通環境も変化してきたように見える。以下は『平成21年版国土交通白書』によるものである。まず，国土交通省による移動に関する環境調査（複数回答）をみると，「電車やバス等の公共交通が便利なところに住んでいる」が55.9％，「車やオートバイを保有しており，自分で運転できる」が62.6％，「車で送り迎えをしてくれる家族がいる」が23.5％，「地域に送り迎えをしてくれるようなサービスがある」が2.4％，「当てはまるものがない」が5.4％となっている。このように交通環境は改善されたかに見える。ただし，「電車やバス等の公共交通が便利なところに住んでいる」と答えた人は三大都市圏では71.7％であるのに対して地方圏では39.9％にすぎない。「車やオートバイを保有しており，自分で運転できる」と答えた人は，三大都市圏では54.4％に対して地方圏では70.9％となっている[4]。このように特に地方圏での自動車への依存が著しいことがわかる。

その一方で，自動車を運転できない人にとっては不便であったり，環境への付加がかかったり，街の中心部が衰退する一方で新たなインフラ整備が必要となり，財政負担が増えたりするといった懸念に対して，半数以上の人々が共感しているとされる。白書も都市地域が拡大し，自動車依存度が過度に高まると公共交通の利用者が減少し，サービスの低下やネットワークの減少をもたらすとともに，それが更なる利用者減少を引き起こすといった負の連鎖となる恐れがあるとしている[5]。

また，移動等に対する人々の考え方を調査したところ，「個人が負担するコストが増加しても電車やバス等公共交通機関を充実させる」との考え方が，「個人が負担するコストはそのままで現状よりサービス水準が低くなっても我慢する」との考え方を上回ったとしている。この傾向は，特に高齢者において強く，公共交通の再生が求められると白書では述べている[6]。

このように見てくるとわが国における交通問題は大都市ではなく地方圏にあるように思われる。たしかに，地方では公共交通の中心であるバス路線の相次ぐ廃止，そのことによる交通弱者の発生等，深刻な社会問題が存在している。しかし，大都市では依然として道路の交通渋滞が著しい所がある。あるいは，地域的に限定されるかもしれないが，これからも必要とされる軌道系整備のための膨大な整備費用の問題等はどのように考えるべきなのであろうか。大都市でも地方圏でも自家用自動車と公共交通の「バランス」をいかに達成させるのかといったことが重要な課題となる。しかし，例えば公共交通に対する補助金を増やせば問題は解決するのであろうか。また，都市の一極集中を前提とした交通政策は最終的な解決策をもたらすのであろうか。こうした問題に対する筆者なりの回答は終章で示される。

以下では，まず第Ⅰ部の欧米の都市の公共交通の歴史，動向を見ることでこうした問題を全体的に考えるためのヒントを見いだしたい。

注
1）『昭和51年版運輸白書』運輸省，1976年，82-110頁参照。
　　なお，わが国の戦前の都市交通のきわめて簡単な歴史を述べておくと，以下のようになる。まず，わが国では，明治3年，和泉要助が人力車を考案したのが都市交通手段の始まりであるとされている。和泉要助は，翌年，鈴木徳太郎等を誘い，東京府に

人力車の製造と運送業務の許可を申請し，日本橋に店を構えて営業を開始した。人が車を引いて客を運ぶという人力車は，昔からもっぱら徒歩を交通の手段としてきた日本人ならではの発想であった。はじめは，箱に車輪を取りつけただけの簡単な構造であったが，日に日に進歩し，やがて凹凸のある道にも耐えうるスプリングつきの車輪も登場した。東京だけでも2万台あまり，全国では20万台以上の人力車が活躍したといわれる。人力車夫の中には勇ましい女性の姿もあったという。しかし，時代の波には勝てなかった。都市では路面電車が普及し，自動車が登場すると雲行きが怪しくなり，大正時代にはほとんどの人力車が姿を消した。

その後，明治5年に鉄道開通と同時に由良宗正が始めた乗合馬車が浅草雷門・新橋間に出現した。地方都市の一例として広島では明治37年の広島駅‐宇品を結ぶ軍事郵便馬車が登場した。ルートは己斐‐尾長，己斐‐宇品，尾長‐宇品の3ルート，乗り切り制の5銭均一（当時，たばこの「ゴールデンバット」1箱が4銭）であった。

明治23年になると，東京電燈会社が上野公園で開催された第3回内国勧業博覧会でアメリカから購入した電車を出品し，明治28年に京都で電車の営業運転が行われた。

東京では明治36年に東京電車鉄道が新橋‐品川間で電車の営業運転を行った。同年9月には，東京市街鉄道が営業開始（路線の新設）した。さらに，明治37年12月に，東京電気鉄道も路線をつくった。これによって3社の路線が都心部の交通の中心となった。明治39年には，3社が合併して東京鉄道株式会社となった。しかし，明治44年7月，東京市が東京鉄道株式会社を買収し，8月1日から市営となった。その後，東京では大正12年9月の関東大震災によって東京市電777両が消失した。

それを契機として，大正13年，乗合自動車（市営バス）が導入されることになった（円太郎バス）。また，震災後のラッシュアワーの混雑のために郊外電車（住宅開発，目蒲電鉄の多摩川園）が導入された。昭和2年になると上野‐浅草間で地下鉄が建設された。しかし，その後，昭和12年の日中戦争勃発を契機として都市交通は政府の統制下に置かれることになった。

2）『平成11年版運輸白書』運輸省，1999年，25-69頁参照
3）『平成21年版道路行政』道路利用者会議，2010年，206頁。
4）『平成21年版国土交通白書』国土交通省，2009年，23-47頁参照
5）同上，33頁。
6）同上，47頁。

第 I 部

欧米の都市交通

第1章　欧米における都市交通の歴史

　寡聞な筆者は欧米の公共交通の歴史を詳細に調べたものを知らないのであるが，以下は主としてブチックの研究による欧米の都市交通の歴史である[1]。そして，この章で特に注目してほしいのは電車の歴史にみられるようにヨーロッパ大陸とアメリカの都市交通に対する政府の姿勢の相違である。

1. 公共交通の始まり

　まず，組織的な都市内交通機関が現れたのは17世紀になってからであるとされている。具体的には，コーチ，セダンチェア，パブリック・コーチといわれるものが現れた。コーチとは貸し馬車（ハックニー・コーチ）のことで，1660年頃，ロンドンで最初に現れた。このハックニー・コーチの所有者は1634年に街路を流す許可を得ることができ，1694年には700の免許を受けたハックニー・コーチが存在した。この輸送形態は近代的なタクシーの先祖に当たるものである。セダンチェアとは木製のポールの上に人を乗せて「チェアマン」が担いで運ぶというものである。17世紀および18世紀においてヨーロッパでは都市公共交通の重要な形態であった。このセダンチェアは1617年にパリで最初に現れた。ロンドンでは1634年に導入され，少なくとも1821年頃まで利用された。パブリック・コーチは，固定した路線で運行するもので，ルイ14世の時代の1662年にパリで導入され，哲学者で有名なパスカルが考案したものとされる。彼は1623年にフランスの中部のクレルモンに生まれ，1662年に死亡するが，その死の数ヵ月前の3月18日に，2頭立て8人乗りの路線馬車が走りはじめたのであった。運賃は5スウ均一で「5スウの馬車」とよばれた。彼はその収益で貧しい人々の救済を考えていたのである。近代的都市交通の先祖であるこの形態は約20年間継続した。

しかし，この形態は，狭い意味において「公共」的であった。規制によって，富裕階級のみが利用し，ブルジョワあるいは叙勲者といった以外の人々の利用は排除された。さらにフランス政府は1675年に市民が馬車を使うことを禁止したのである。それ以来シャルル10世の1828年まで150年以上，パリの公共交通機関の歴史は空白となったのである。

2. 馬車によるオムニバス

　馬車によるオムニバスが，一般的に知られるようになったのはフランスであった。1826年，ナントでスタニスラウス・オドリーが最初に「オムニバス」の運行を始めたのであるが，1828年1月，オドリーはパリで固定した10路線で新しい100両の車両を運行する公的な認可を受けた。車体の横腹にはomnibusと書かれてあった。このオムニバス（フランス語ではオムニビュス）がバスの語源であるが，バスはこうして始まったのである。オムニビュスはナント郊外の雑貨商オムネの看板の「オムネ・オムニビュス」（「全ての御用に応えるオムネ」）からとったものとされている。しかし，1年余りで終わってしまった。それというのも1829年の冬，パリは大寒波にみまわれ，馬の飼料が大幅に値上がりし，街路は凍てつき，馬車が走れなくなったからであった。そのためオドリーは破産し，自殺した。

　1829年，オドリーの注文でオムニバスの車体をつくっていたジョージ・シリビアがロンドンに帰り，オムニバスを導入した。当時は，ロンドンではハックニー・コーチが独占しており，乗客を獲得するために停車することは禁止されていた。しかし，ロンドンでのハックニー・コーチの独占が1832年に解除され，オムニバスの運行が可能になった。

　アメリカでは1827年にオムニバスがニューヨークで導入された。その後20年の間に，東海岸の重要な港で定期的なオムニバスが導入され，フィラデルフィア，ボストン，ボルチモア等で導入された。ヨーロッパでは，プラハ，リバプール，ブダペスト，バーミンガム，リーズ，ベルリンその他で導入された。

　オムニバスの最大の強みは，運行が弾力的であることである。これは都市

街路の改善と相まって，19世紀中葉からモーター・バスの現れる20世紀初頭まで都市交通の中心となった。なお，オムニバスのデザインは国によって異なる。ロンドンでは道路が狭いためにダブル・デッカーが導入された。

3. 鉄道馬車（ホース・トラム）

ホース・トラムまたはホース・カー（アメリカではこのように呼ばれた）は，レール上を走るオムニバスである。単なるホース・パワーの利用に比べて①ホース・パワーの有効利用，②容量の拡大，③快適性の向上がなされた。

最初の馬による牽引の「路面鉄道（ストリート・レールウェイ）」（ホース・トラムのこと）は，1832年にニューヨークに現れ，ハーレムからマンハッタンの間を走行した。1850年代になるとアメリカの他都市でも現れはじめ，ボストン，ボルチモア，シカゴ，シンシナティその他に出現した。アメリカで広く普及するようになったのは，ステップ・レール（step rail）から溝のある埋設式レール（grooved rail；溝を掘り，街路と同一平面になった）になったためである。そして，北部では南北戦争（1861〜1865）後の郊外住宅建設ブームの重要な役割を果たしている。

その後，ホース・トラムは1869年までにペテルブルグ，ベルリン，ウィーン，ブダペスト，ハンブルグその他で導入された。もっともロンドンでは1870年になって導入されたが，その後，規制によってロンドン中心部では禁止された。また，民間企業が20年間営業した後に地方自治体のものになるという権利が地方自治体に与えられるという制度のために，発達が妨げられた。しかし，その他のヨーロッパ大陸では民間企業を優遇し，免許は40年から50年間与えられた。そのためヨーロッパ大陸では著しく普及することになった。

4. 1880年代までの機械化された公共交通

次に述べるように1880年代に画期的な電車が導入されることになるが，それまでに機械化された公共交通として蒸気機関，ファイヤレス・スティー

ム・エンジン（ボイラーをもたない蒸気機関），圧縮空気によるもの，ケーブル・カー等が開発された。オムニバスとストリート・レールウェイは，牽引が馬であるということから力においても生き物という点においても限界があったからである。実際，1872年，東アメリカで馬の伝染病で数千頭の馬が死亡した。

　まず，1821年から1840年にかけて蒸気機関を利用した車が開発された。しかし，重たい，うるさい，遅いというものであった。1833年と1836年の間にロンドンで14人乗り22人乗りの蒸気機関による乗合自動車（スティーム・ドリブン・オムニバス）の定期サービスがあったが，商業的には成功しなかった。1870年代になって，改良型が導入され，ヨーロッパ大陸で2,500台，アメリカで700台，イギリスで500台利用された。ファイヤレス・スティーム・エンジンは市内中央のデポで圧縮された蒸気を積み込む方式で，ボイラーがなく，静かで，煤煙もないものである。1873年ニューオーリンズで導入されたが，1870代後半および1880年代当初，フランスの郊外でも導入された。しかし，蒸気がすぐになくなるので走行距離が短く，立ち往生することもあった。圧縮空気によるものはナントで導入されている。ナントでは1878年から1913年まで定期運行を行ったが，コンプレッサーのための燃料が高くついた。ケーブル・カーは商業的に最も成功したもので，1873年に世界で最初のケーブル・トラムウェイがサンフランシスコで開設された。運転手はグリップマンと呼ばれた。これは，馬車に比べて清潔，安全，ランニング・コストが安く，1880年代，アメリカの多くの都市で導入された。しかし，滑車がはずれる等の安全問題があり，電車の出現によって，ほとんどのケーブル・カーが1905年までに電車にかわるか，廃止された。現在では，サンフランシスコ等の一部で残っている。

5. 電車（エレクトリック・トラムウェイ）の発明

　1870年代，ヴェルナー・フォン・ジーメンス等によって発電機と電気モーターが発明された。それは，アーク灯または白熱灯のための発電と送電に関連する新しい産業の基礎となった。1855年当初，ヨーロッパの投資家はレー

ル上を走行する車両に電気を伝えるコンダクターはできないものかと考えた。新しい電気産業はそうした計画を実現することになった。

1879年，ジーメンスの会社がベルリン産業見本市で電気鉄道のデモンストレーションを行い，安全のためにフェンスで囲って運転した。ジーメンスは1880年のパリの博覧会では，細かく溝を付けたパイプの中に銅線を通し，それを架空線とした路線を建設した。電流はパイプの中を走る集電子によって集電し，ケーブルを通じてモーターへ送られ，レールを通じて発電所に戻す方式をとった。しかし，電車の大規模な導入はアメリカからであった。

(1) アメリカにおける電車

1880年にトーマス・エジソンが実験的にレール集電軌道を建設したことがあるが，最初の本格的な路面電車の運行は1884年アメリカのクリーブランドであった。ここでは，レールの間の地中に溝を切った導管を設置し，その中に置かれた一組の銅線から電流を引き込むための「集電靴」を用いた。このシステムは信頼性がなく，1855年にクリーブランドのサービスは廃止された。これに対して架線を用いたものが1880年代の中葉にアメリカの都市に現れた。当初はやはり技術的に成功しなかったが，フランク・スプレーグがリッチモンドで19kmの電車ネットワークを建設・完成させ，1888年に開業することになった。運行費用が馬車より安く，運賃を下げることができた。その結果，著しく普及し，運行距離は1890年までにアメリカ全土で9,305kmになった。

この電車の発展によって都市人口が急増した。特に北東部で発展しつつあった工業都市ならびに農業ブームと鉄道資本で沸く中西部の各都市で人口が増大した。また，運輸組織にも変化が現れた。当初のストリート・レールウェイは1路線のみを運行する多くの事業者によって行われていた。そのため事業者間の調整がうまく行われず，人々にとって不便であった。2路線以上を利用する場合，乗客は乗換えを必要とし，運賃は2倍支払っていた。電車の導入は小さな事業者の合併を促進させ，運営の効率化や乗換えを容易にした。

いくつかのアメリカの都市では，公的な規制によって街路鉄道の発展が阻

害されたが，多くの自治体は電車の企業に対して永久的な営業許可を与えた。このため，企業は自分で路線や収益性を検討することができたが，社会や環境上の影響について考慮することはなかった。例えば，架線や支持物は景観を考えることなく建てられた（ヨーロッパではそうしたことは主要な関心事であった）。政治家にとってもフリーエンタープライズの概念から，そうしたことは二次的なことだと考えた。しかし，古い都市では環境への影響が考慮され，ワシントンでは架線ではなく地下を利用した。

　ところでアメリカの電車は1880年代後半から第1次大戦（1914～1918）において重要な役割を果たすようになるが，経営的には厳しい状態にあった。路面電車相互の競争に加えてバス等が乗客を奪ったからである。さらに，労働費用その他の運行費用が上昇した。しかし，規制当局は運賃の上昇を認めなかった。例えばいくつかの都市では5セント運賃が長い間維持され，経営的には維持費さえ回収できなかった。そのため倒産が起こるようになり，第1次大戦の時に経営危機が発生した。1930年代になると後に述べる自家用自動車の発達によって道路が混雑し，路面電車の運行を困難にした。そこで電車の経営者のなかには対策として高性能の路面電車（PCCカー：高性能の路面電車を開発するため1930年に大統領諮問委員会（Presidents' Conference Committee）が設立されたことに由来する）を導入させるが，バス，トロリー・バスへの転換が進んだ。さらに，1960年になるとアメリカでは電車はほとんど廃止された。アメリカでは電車に対する一般的な支持が少なく，自動車関連の企業からのプロパガンダ活動が激しかった。

(2) ヨーロッパにおける電車

　ヨーロッパでは，トラムウェイ（軌道系公共交通）の運行は政府の責任であるとする傾向があった。この姿勢は，馬によるトラムウェイの厳しい規制と結びついて，ヨーロッパの電車の発展に大きな影響を与えた。そのため，1890年，ヨーロッパのトラムウェイはわずか96 kmであった。トラムウェイの電化はゆっくりと進んだ。しかし，この遅れの要因の1つはヨーロッパの都市の美的な側面を重視することと関連しており，政府は街路が架線で覆われることを嫌い，架線を利用しない方法を研究したのであった。具体的に

はバッテリー駆動方式（battery traction）や地下埋設銅線との地表面接続（surface-contact system）等が研究された。しかし，前者はバッテリーの購入価格がきわめて高く，かつ重たいものであった（2.5トン）。また，後者はコストが高くつくだけでなく，信頼性がなかった。地中の導管はすぐに泥でつまり，プレートは蹄鉄をつけた馬を感電させた。しかし，電車が普及するにつれて力を付けてきた事業者は政府と交渉して従来のシステムに加えて，架線方式も加えられるようになってきた。都心部では架線なしの方式がよく用いられたが，第1次大戦後になってからは架線になっていった。しかし，環境への配慮がなされ，ポールは芸術的なものにし，電灯を兼ねていた。

政府が架線方式を受け入れたのは，電車が社会的に重要であったからである（速度の上昇，運賃低下）。そのため労働者も郊外の住宅に住めるようになり，都心部のスラムの解消に役立つことになった。企業は儲かる路線の免許の代わりに労働者のための郊外の儲からない路線を建設した。運賃も低運賃によって多くの人々が利用するようになった。電車は1890年代になるとベルギー，フランス，ドイツで著しく普及していった。

6. 自動車の普及

アメリカで自動車が普及し始めたのは路面電車全盛の時代であったが，そもそも自動車はヨーロッパで最初に発明されたものであり，アメリカでの自動車の普及はヨーロッパより10年程度遅れてスタートする。しかし，結果的には逆転し，ヨーロッパよりアメリカでの普及が早く行われた。そして普及につれて都市構造が大幅な変化を遂げていった。以下はその歴史の概略である。

すなわち，もともと自動車は，ヨーロッパで発明され，3種類の自動車が存在していた。具体的には，①蒸気自動車（フランスのクノー［1760］やイギリスのトレヴィシック［1801］が蒸気自動車を発明，実用化，1831年ロンドンでは公共用として20台，時速が8～50kmで走行），②内燃機関（ルノー［1859］，オットー［1878］，ダイムラー［1885］，ベンツ［1885］）などが内燃機関による自動車を発明），③バッテリーを利用した自動車が存在していた。

しかし，ヨーロッパでは安全性の問題だけでなく，馬車業者，鉄道事業者からの圧力があり，自動車の普及は容易ではなかった。例えば，イギリスの1861年の運輸法では速度制限（市内8 km，郊外16 km），1865年の赤旗法では，自動車の前方60ヤード(55 m)において赤旗または赤いランタンを持った人が先導する必要があった。1878年には速度制限の強化（市内2マイル，郊外4マイル），鉄道（1870年代以降から第1次大戦頃まで独占的陸上交通機関であった）の発達に対して自動車交通は停滞した。したがって，3種類の自動車のうちどれが自動車生産の主体になるかは明白ではなかった。

他方，アメリカでは，自動車の開発はヨーロッパより約10年遅れてスタートするが，その理由は，①国土が広大で道路が整備されていないこと，したがって車への需要が少ない，②熟練労働者がヨーロッパに比べて多くなかったことである。しかし，それ故に逆転現象が起こり，アメリカで車が早く普及することになった。それは，①熟練労働者の不足がテコとなって，機械工業の技術水準が向上したこと，互換性部品方式が確立したことにある。さらに，②テキサスで油田が発見されたこと，精製技術向上によるガソリン価格の低下，そのためガソリン車が優位となったこと，などである。そのような中で1908年にフォードT型（低廉で自分で修理できる大衆車）が発明され，農村に普及し，さらに都市にも普及していったのである[2]。

当時のアメリカの都市は，路面電車全盛の時代であったが，①フォードT型の出現，②馬車や自転車の普及で一応道路整備が進んでいた，③富裕階級の他の階級とは別の輸送手段で快適に移動したいという欲求，④1916年，1921年の連邦道路法の成立，近代的道路財源制度の確立，⑤鉄道サービスの質の悪さ，⑥自動車産業の巨大化等によって都市部でも自動車が普及していった。そのことによって都市構造の分散化・郊外化が始まった。

その結果，1930年代までは放射状幹線道路の初期のメトロポリスが形成され，1970年代になると格子状幹線道路依存のメトロポリスとなった[3]。それとともに電車は衰退していった。

7. 結　　び

　以上，主としてブチックの論文を中心として都市交通の歴史を簡単に見てきたのであるが，アメリカとヨーロッパ大陸では路面電車の歴史に見られるように交通に対する政府の姿勢に相違があるように思われる。アメリカはどちらかというと自由競争を重視しているのに対して，ヨーロッパ大陸では自治体の責任を重視する傾向があった。

　この点に関連して，フランスのミシェル・アルベールはアメリカ型資本主義（イギリスも含めたアングロサクソン型資本主義）とライン型資本主義に分け，後者はライン川に沿ったヨーロッパ諸国で，資本主義であるかぎりは市場，個人の自由，経済のダイナミズム，株主の利益等を重視しないわけではないが，その重心が，アメリカ型よりは政府，平等，雇用，福祉，安定などの方に傾いている資本主義であるとする。そして，アメリカ型資本主義では，都市交通は，「非商品」，「非商品と商品の混合」，「商品」のうちで，「商品」に分類されるのに対して，ライン型資本主義では「非商品」ないし「混合」に分類されている[4]。この議論を厳密に適用することは困難であろうが，文化によって政策が影響を受けることは興味深いところである。しかし，最近はそのようなヨーロッパでさえ，経営における非効率や都市構造の分散化・郊外化によって公共交通は大幅な赤字に陥っている。そのため，イギリスのローカル・バスに見られるように市場化，民営化の傾向が強まっている。その一方で最近では再規制の動きもある。つまり，規制や規制緩和のみでは交通問題の解決は容易ではなく，交通政策は都市政策との連携を問題にしなくてはならないということである。本著の議論の根底にはこうした考え方が流れている。

　他方，わが国では民営，公営が存在するものの明治以降の政策は官僚中心の規制が中心であったといえる。その典型は民営・分割された国鉄であり，非効率的な赤字ローカル線が長い間建設されてきた[5]。また，道路運送部門では免許に関連して消費者を重視したものではなく事業者間の利害調整という行政指導がなされてきた[6]。その後，JRや道路公団などが民営化された。

また，バス等の規制緩和が行われた。しかし，都市交通に関しては民営化・規制緩和のみで問題が解決できるわけではない。むしろ，自動車の適正なコスト負担や上記で述べたように都市構造の問題が重要となる。そこで以下では欧米の都市交通の動向を若干紹介することにする。

注
1) Vucan. R.Vuchic (1981) *Urban Public Transportation*, Prentice Hall, Inc. pp.1-58.（ブーカン・R. ブチック『都市の公共旅客輸送』田仲博訳，技報堂出版，1990年）を参照。
2) 下川浩一『米国自動車産業経営史研究』東洋経済新報社，1977年，7-85頁参照。
3) 湯川利和「都市交通」中西健一・平井都士夫編著『新版 交通概論』有斐閣，1977年，147-166頁
4) Michel Albert (1991) *Capitaisme Contre Capitalisme*, Du Seuil.（ミシェル・アルベール『資本主義対資本主義』小池はるひ訳，竹内書店新社，1996年，134-135頁）
5) 中西健一『戦後日本国有鉄道論』東洋経済新報社，1985年，127-290頁参照。
6) 岡野行秀「わが国運輸行政の問題点」『季刊現代経済』日本経済新聞社，第27巻，1977年，72-87頁および森田朗『許認可行政と官僚制』岩波書店，1988年，143-298頁参照。

第2章　現代の欧米の都市交通

　欧米の都市交通の歴史を見ることでヨーロッパとアメリカの都市交通に対する姿勢の相違が理解されたように思われるのであるが，そのことが現在の都市交通にも反映されているかどうかを知ることは興味深いことである。そこで以下の内容は，主としてプーカーおよびルフェーブルの『都市交通の危機』を参考にしたものである[1]。資料としては1980年代から1990年代のものであり，やや古くなったが，都市交通の国際比較はきわめて困難であるうえに，ヨーロッパ（特に西ヨーロッパ）とアメリカの都市交通を比較する上では十分役立つものと思われる。また，その相違を理解することが本章の目的である。

1. 車の保有と所得

　自動車の保有と利用の増大は世界的な傾向にあるが，一般的に，車の保有と所得の間には強い相関関係がある。しかし，車の保有や利用に関する水準は所得以外の要因によっても影響を受ける。例えば比較的所得水準の高い西ヨーロッパ諸国の人口1人当たりの保有水準をアメリカと比較すると低いのであるが，その要因は，後にみるようにヨーロッパの車の保有と利用に関する費用が極めて高いことにある。また西ヨーロッパの保有水準がアメリカに比べて低いのは人口密度や都市構造にも依存する。例えば1990年のアメリカの人口密度は1 km^{2}当たり27人であるのに対してドイツ257人，フランス104人，イギリス236人となっている[2]。また，西ヨーロッパとアメリカの都市は郊外化・分散化傾向にあるが，西ヨーロッパの都市の郊外化はアメリカほど広がっていないだけでなく，都市ははるかに高密度である。そのため，アメリカほど自動車依存型社会ではない。そのため西ヨーロッパにおけ

る都市交通における車の比率はアメリカの約半分である。逆に，カナダや西ヨーロッパの公共交通サービスの比率はアメリカの4倍から6倍となっている[3]。

2. 交通の動向

(1) 車の保有と利用

　車の保有は1970年代から1990年代にかけてヨーロッパとアメリカの全ての国において増大しているが，その比率は異なっている。すなわち車の保有は，1970年代から1990年代にかけて東および南ヨーロッパ諸国において急速に増大しているが，北西ヨーロッパ諸国はかなり低い成長率となっている。特に保有水準が最も高いカナダとアメリカの増加率は低い水準となっている。これは車の飽和状態によるものであろう。

　利用に関する車・キロの数値を知ることは，車の保有に関する数値を集めるよりも困難である。しかし，プーカーおよびルフェーブルの調査によるとあらゆる国において車の利用が増大してきた。ヨーロッパの都市については1970年から1990年の間に車による交通（車・キロ）が30％から35％増大している。しかし，アメリカの都市のなかには都市交通の車・キロの増大がはるかに大きく，10年間で20％から80％増大し，平均で約45％も増大している。このように，車の保有と利用は事実上ヨーロッパおよびアメリカの全ての都市で増大しているが，アメリカの都市はヨーロッパの都市よりもはるかに車志向的である[4]。

　ちなみに表1は最近の世界の自動車保有台数の動きを示したものである。この表はトラック，バスなども含んでいるが，最近では当然のことながら経済成長の著しい中国，韓国などの保有台数の伸び率が大きいことがわかる。

(2) 輸送分担率

　アメリカの都市における自動車への著しい依存は明らかである。以下もやはりプーカーおよびルフェーブルの調査によるが，トリップ総数（徒歩，自転車は除く）における自動車の比率はアメリカの都市では95％以上となっ

表1 人口1,000人当たり自動車保有台数の推移及び増加率　　　　　（単位：台）

国	1980	1990	2000	2002	2003	1980～2003 年平均増加率（％）
アジア						
日　　　　本	324.2	465.2	572.4	579.6	568.1	2.5
中　　　　国	0.9	4.6	12.9	16.0	18.3	14.0
韓　　　　国	13.2	78.7	242.0	291.1	305.8	14.6
イ　ン　ド	2.3	4.6	7.4	11.1	10.0	6.6
南北アメリカ						
ア　メ　リ　カ	702.1	747.1	787.0	781.8	780.9	0.5
カ　ナ　ダ	559.1	616.9	571.4	577.0	587.0	0.2
ブ　ラ　ジ　ル	83.7	77.2	91.1	113.6	116.4	1.4
ヨーロッパ						
イ　ギ　リ　ス	310.5	459.2	525.9	559.6	566.9	2.7
ド　イ　ツ	403.7	518.9	576.8	584.4	588.8	1.7
フ　ラ　ン　ス	404.4	502.9	574.2	590.8	592.4	1.7
イ　タ　リ　ア	335.0	518.1	626.1	654.1	670.1	3.1
ノ　ル　ウ　ェ　ー	341.8	454.6	512.6	517.9	530.3	1.9
ロ　シ　ア	64.3	79.9	176.3	167.3	200.9	5.1
アフリカ						
南　ア　フ　リ　カ	118.3	128.1	138.4	129.7	134.6	0.6
オセアニア						
オーストラリア	509	565.5	654.0	626.3	648.0	1.1
世　　　　界	96.0	108.8	124.0	130.9	132.8	1.4

注1：日本自動車工業会「世界自動車統計年鑑2005」等より作成。
　2：ドイツは1990年まで旧西ドイツの値。
　3：ロシアは1990年までCISの値。
出所：『平成17年度版海外交通統計』運輸振興協会，平成18年，27頁。

ている。これに対して，西ヨーロッパの都市では 40 〜 90 ％であり，東ヨーロッパでは 20 〜 50 ％となっている。しかし，ヨーロッパでは自転車と徒歩がはるかに重要な交通手段であるために，徒歩，自転車等を含めた都市交通全体における自動車の比率はアメリカとヨーロッパでかなりの相違がある。ヨーロッパの都市では 1990 年の自転車と徒歩はトリップ総数の 15 〜 50 ％であり，平均では約 30 ％である。これに対して，アメリカの都市の徒歩と自転車はトリップ総数の 5 ％以下であった。したがって，アメリカのトリップ総数における自動車の輸送分担率はヨーロッパの都市のほぼ 2 倍である。その結果，都市地域全体について平均で見た場合のアメリカの公共交通はわずか 3 ％にすぎないのに対して，西ヨーロッパのそれはおよそ 10 〜 20 ％となっている（表 2 参照）。

もっとも，同じ国内においても大きな相違が存在する。例えば，アメリカの 20 の大都市において公共交通の輸送分担率を見ると，ニューヨーク大都

表2　輸送分担率（トリップ総数における比率，単位：％，1990 年）

国	車	公共交通	二輪	徒歩	その他
オーストリア	39	13	9	31	8
カナダ	74	14	1	10	1
デンマーク	42	14	20	21	3
フランス[1]	54	11	10	30	0
ドイツ	52	11	10	27	0
イタリア	25	21	54		
オランダ	44	8	27	19	1
ノルウェー[2]	68	7	25		
スウェーデン	36	11	10	39	4
スイス	38	20	10	29	3
イギリス[3]	62	14	8	12	4
アメリカ	84	3	1	9	2

注1：主要都市地域の家計調査による。
　2：都市地域の人口は 18 歳から 69 歳。
　3：イングランドおよびウェールズ。
出所：ブーカー，ルフェーブル『都市交通の危機』木谷直俊，内田信行，山本雄吾，西村弘訳，白桃書房，1999 年，18 頁。

市圏の28％に対して，デトロイト，フェニックス，ダラスはわずか2％である。小さな都市では，総交通に占める公共交通の比率はまれに1％を超えているにすぎない。

都市の規模による輸送分担率の相違はヨーロッパの都市にも見ることができるが，アメリカほど極端ではない。パリ，ローマ，ベルリンのような都市における公共交通は交通の4分の1以上を占めているが，小さな都市でもトリップ数の5〜10％を占めている[5]。

なお，いくつかのヨーロッパでは，1980年以来，車の利用を減少させ，公共交通，自転車，徒歩の輸送分担率のシェアを増大させている都市もある。例えば，フライブルグ，ミュンヘン（ドイツ），バーゼル，チューリッヒ（スイス），ウィーン（オーストリア）は，私的な自家用車の利用をより困難かつ高価なものにすることを目的とした政策によって，輸送分担率のシェアが低下している。一方で，これらの都市は，公共交通サービスの拡大，公共交通の低運賃，公共交通に対する優先権，歩行者，自転車の利用者のための設備の充実（カー・フリー・ゾーンと自転車専用道路）を行ってきた。

(3) 都市の土地利用パターン

世界中で車の利用が増大した主な理由は所得の増大にあるが，通信と生産技術の多様な発展が都市の郊外化・分散化をもたらし，車の利用が一層促進されたという側面もある。そのため，公共交通，自転車，徒歩が交通手段として選択されなくなってきた。ただ，アメリカのあらゆる都市に見られる低密度の郊外への分散化はアメリカ的生活様式のトレード・マークといえるのであるが，ヨーロッパとカナダはアメリカの都市ほど分散化されてはいない。

ヨーロッパでは都市人口の大部分が中心都市に住んでおり，ヨーロッパの郊外の人口密度もアメリカよりは高い。すなわち，ヨーロッパの大都市圏の総人口の42％が中心都市に住んでいるのに対して，アメリカの10大都市圏では総人口の26％が住んでいるに過ぎない。またヨーロッパの郊外の人口密度もアメリカの郊外に比べて4倍の高さとなっている[6]。

もちろん，これらの数値はヨーロッパのいろいろな国の平均値である。例えば，アメリカ北東部およびカナダ東部の都市地域はアメリカ南部または西

部およびカナダ西部の都市地域ほど分散化していない。ボストン，フィラデルフィア，ニューヨークといった古い都市の都市圏の人口および雇用における中心都市の比率は，アトランタ，ヒューストン，デンバーといった新しい都市よりもかなり高くなっている。ヨーロッパでもスウェーデン，イギリス，オランダといった北ヨーロッパの国は，ポルトガル，スペイン，ギリシャ，イタリアといった南ヨーロッパ以上に都市の郊外化を経験しつつある。

しかし，ヨーロッパの都市の人口と雇用の分散化の程度はアメリカよりもはるかに遅れて進んでいること，そして，分散化の程度もそれほどではないことが重要である。

3. 都市交通問題

(1) 混雑・環境問題

ヨーロッパと北アメリカの都市を悩ませている最も重要な交通問題は混雑である。緊縮財政，環境上の理由でほとんどの国において道路建設はスローダウンしたが，車の保有の増大，郊外化，鉄道貨物の道路への転換等によって道路利用に対する全体的な需要は増大した。需要と供給のギャップの拡大が交通混雑をもたらしている。都市交通に対する大気汚染，騒音，他の環境上の影響は，混雑問題ほど直接的ではなく，目に見えるものではないが，長期的には極めて重要である。さらに，環境上の影響は国際的な問題でもある。

(2) エネルギー，安全問題

交通におけるエネルギー問題は，エネルギーが突然不足したり，価格が上昇したりした年には政策課題となる。しかし，供給が増大し，価格が下がると無視される傾向がある。

交通安全の問題は地方でも都市においても事実上どこでも問題となっている。1970年代から1980年代には毎年，10万人以上の人がヨーロッパとアメリカで交通事故によって死亡している。

(3) 財源問題

　交通財源の問題はますます重要となっている。その原因は，1つには，交通システムの建設・維持・運行の費用が増大したこと，1つには，事実上全ての国における緊縮財政である。そのため，補助金がかなり減少してきた。さらに，公共部門の資金不足によって多くの国は交通システムの所有，運行，資金に関して民間部門の介入を増大させている。

(4) 公平の問題

　都市交通における公平の問題はどこにでも存在する。貧困者，高齢者，身体障害者等にとってはますますモビリティの問題が大きくなっている。公共交通サービスは削減され，分散化された土地利用パターンによって雇用，教育，買い物，レクリエーション等の目的地に到達するための移動が長くなっている。

4. 交通政策

　北アメリカとヨーロッパの都市交通政策の最も重要な相違は，ヨーロッパで自動車を保有し，運行する場合，税金，利用者料金などの費用がはるかに高く，利用コストが高くつくということである。その理由は，1つには車の社会的環境的な費用の内部化にある。いま1つには，自動車からの収入が政府の一般的な収入源として利用されていることである。

(1) 道路財源

　アメリカとヨーロパでは道路財源がかなり異なっている。全体としてみると，アメリカの道路利用者は，道路の建設・維持・管理等の費用の60％を税金と利用者料金によって負担している。残りの40％は，一般的な政府収入からの補助を受けている。これに対して，ヨーロッパの全ての国で道路利用者税（road user tax）は道路に対する政府支出を超えているということである。こうして，アメリカの道路利用者は巨額の補助を受けているが，ヨーロッパの道路利用者は高い道路利用者税を支払っており，政府の全体的な財源に

大きく貢献している。

　ヨーロッパの自動車当たりの道路利用者税は，国によって多様ではあるが，アメリカの約5倍の高さとなっている。道路利用者税には2つのタイプがあり，それは，燃料税（petrol tax）と自動車売上税（sales tax）である。ヨーロッパの1リットル当たりの燃料税はアメリカの税率の5倍から10倍であり，その結果，価格は2倍から4倍となっている。ヨーロッパとアメリカの燃料価格の相違の主要な要因は，税率の相違であり，基礎にある石油価格の相違によるものではない。新車の売上税の税率については，アメリカの場合，州によって異なるが，それらはいずれも極めて低く，5％から8％程度である。これに対して，ヨーロッパではほとんどの国で売上税（はじめの登録料を含む）の税率は25％から40％となっている[7]。

　このようにアメリカよりもヨーロッパの車の保有と利用が高くつくのは明らかに政府の課税による。その背後には，1つには自動車利用の社会的，環境的な費用を内部化するために道路利用者税を課そうとする政府の考え方による。

　また，ヨーロッパの場合，アメリカと異なって，道路利用者税の税率の上昇に対する政治的な反対はそれほど強くない。それは，おそらく自動車の保有が普及する以前から高い税率が実施されていたことにもよるが，ヨーロッパでは一般的に車の利用が高くつくのは当然のこととして受け入れられているようである。これに対して，アメリカにおいて燃料税または自動車税を上げようとする試みは，どのようなものであれ，アメリカ人の生活様式に対する攻撃と見なされる。

(2) 歩行者の交通

　ヨーロッパの政府は車の保有と利用に対してアメリカよりも高い税金を課しているだけでなく，車の利用も制限している。例えば，ヨーロッパにおいては歩行者ゾーンがアメリカよりもはるかに普及している。ヨーロッパの都市では一部の国を除いて，車の通らない広範な街路ネットワークがあり，安らぎ，買い物，交際，歩行のための楽しくて安全な環境を提供している。これに対して，アメリカでは車の通らないような歩行環境は郊外のショッピ

グ・モールであり，ヨーロッパの歴史的な都心部に匹敵するものではない。

(3) 公共交通

アメリカの公共政策は一般的に自動車の利用を容易にしてきたが，これに対して公共交通は崩壊してきた。1970年代後半から公共交通は，連邦，州，地方政府からの財政的な援助を受けるようになったが，乗客は1945年の水準の3分の1にまで低下していた。多額の補助金（1975年から1994年の間に総額1,400億ドル）にもかかわらず，失われた乗客の一部を取り戻したにすぎず，1975年から1994年の間に公共交通の利用は全体で10％以下の増大でしかなかった。これに対して，ヨーロッパは，第2次世界大戦以降，公共交通システムが崩壊することを一般的に容認することはなかった。実際，戦争による被害が修復されるにつれて，多くの公共交通システムが完全に再建され，拡大され，近代化された。さらに，ヨーロッパでは自動車の保有と利用の費用が高いだけでなく，1人当たりの所得の増大が緩やかであったことから，車がただちに重要な競争相手となったアメリカよりも公共交通の潜在的な利用者が多く存在していた。

しかし，現在では，公共交通はヨーロッパと北アメリカのどこでも同じような問題を抱えており，損失をもたらしている。多くの国で利用は減少し，公共交通の財政的な危機は年々厳しいものになっている。しかし，その程度は，国によってまたは同じ国でも都市の間で著しく異なっている。例えばイタリア，オランダでは公共交通は乗客の運賃から運行経費の3分の1以下を回収しているにすぎない。これに対して，ドイツでは60％となっている。こうした相違は個々の都市の間でもっと大きいものとなっている。表3の33の都市の場合，運行経費に対する旅客運賃収入の比率は，例えばベルン（スイス）で79％，ポルト（ポルトガル）で82％となっているが，ローマではわずか17％である[8]。

公共交通の所有形態は，1994年現在，表4のように概して公的な所有とコントロールのもとにある。しかし，ヨーロッパ，カナダ，アメリカにおいて，あらゆる政府レベルでの財政危機と公共交通に対する膨大な補助金とがあいまって，公共交通の民営化等によって生産性の向上と費用の削減のための多

表3 運行経費に占める旅客運賃収入の比率（%）

都市地域／国／年	比率	都市地域／国／年	比率
モントリオール（カナダ）1988	40	アムステルダム*（オランダ）	18
トロント（カナダ）1988	68	オスロ（ノルウェー）1993	60
バンクーバー（カナダ）1988	30	ストックホルム（スウェーデン）1988	30
アトランタ（アメリカ）1990	35	マルメ（スウェーデン）1988	40
デトロイト（アメリカ）1990	24	ヘルシンキ（フィンランド）1988	40
ヒューストン（アメリカ）1990	30	ハンブルク（ドイツ）1988	60
フィラデルフィア（アメリカ）1990	49	ミュンヘン*（ドイツ）1991	42
サンディエゴ（アメリカ）1990	42	コペンハーゲン（デンマーク）1991	52
バルセロナ（スペイン）1991	64	ボルドー（フランス）1993	38
ポルト（ポルトガル）1988	82	グルノーブル（フランス）1993	62
ボローニャ（イタリア）*1991	34	リール（フランス）1993	67
ジェノバ（イタリア）1991	25	リヨン（フランス）1993	51
ミラノ（イタリア）*1988	28	パリ（フランス）1991	43
ローマ（イタリア）1991	17-23	ベルン（スイス）1991	79
ウィーン（オーストリア）1991	50	チューリヒ（スイス）1991	66
ブリュッセル（ベルギー）1988	28	大阪（日本）1988	108
リェージュ（ベルギー）1988	42		

注：＊自治体企業のみ。
出所：表2に同じ。

様な試みがなされつつある。

　最近の資料として，全米公共交通事業者の運営費の財源をみると，2002年で，運賃収入が32.5％，運賃収入以外の収入が17.3％，政府からの補助金が50.2％（連邦政府4.9％，州政府25.2％）となっている。これに対してニューヨーク都市運輸公社（NYMTA）は全米の公共交通事業者のなかで最高の輸送人員を有しているのであるが，それでも，2003年度の運営費は，主に運賃収入57.3％，NYMTAの特定財源収入26.7％，州・地方政府からの補助金5.0％によって賄われている[9]。

表4 都市公共交通の所有形態

国	所有のタイプ		
	民間	公営	ミックス
オーストリア	× 一部の鉄道	×	
ベルギー		×	
カナダ		×	
デンマーク	×	×	
フィンランド	×		
フランス		× パリ	×
ドイツ		×	
アイルランド		× 主要都市	
イタリア		×	× 通勤鉄道
オランダ		×	
ノルウェー	×	×	
ポルトガル	×	×	
スペイン	×	× 主要都市	
スウェーデン	× イエーテボリ	×	
スイス	× 一部の鉄道	×	
イギリス	×	× ロンドン	
アメリカ		×	

注1：郊外鉄道が含まれる。
　2：×印は該当の意味。
出所：表2に同じ，40頁。

(4) 民営化と規制緩和

　1980年代，1990年代においてほとんどの国において民営化の動きが増えてきた。特にイギリスとスカンジナヴィア諸国では民営化がかなり進展してきた。イギリスではロンドン以外のほとんどのバス・サービスは規制緩和され，民営化された。規制緩和の主要な目的は競争を促進することであった。イギリスはロンドン以外でバス・サービスの規制緩和すなわち道路での競争（competition on the road）を選択している。他方，道路のための競争（competition for the road）もある。オランダでは，公共交通の各事業者は，市と特別な契約を行い，契約は自動的に更新されてきた。しかし，1995年から政府はい

くつかの公共交通を競争入札に出している。交通事業者は運行権を得るための入札に参加し，契約を勝ち取った企業がそのサービスに関して独占的運行権を得る。同様のシステムがノルウェー，スウェーデン，デンマークで運営されている。

ドイツでも従来は公的部門の力が強く，民営化や規制緩和には強い反対があった。しかし，1994年頃から民営化や規制緩和が徐々に進展してきた。1994年にはルフトハンザが民営化され，鉄道も公企業であったが，大幅な組織改革が行われた。政府は依然として所有者であるが，インフラ，貨物，旅客部門に分割された。そしてそれぞれの部門に競争入札が導入されている。道路貨物輸送も1994年に規制緩和された。ただし，1998年までは参入規制は完全にはなくなっていなかった。こうした民営化によって効率の向上やサービスの質も向上しているといわれる[10]。もっとも，後に見るようにイギリスのバス・サービスのように規制緩和の評価は一様ではない。

(5) 土地利用政策

土地利用政策は国によって著しく異なっている。伝統的に，オランダ，ドイツ，スイス，スカンジナヴィア諸国では土地利用に対して厳しい規制を行っている。これに対して，イタリア，スペイン，ポルトガルでは私的に所有されている土地に対する政府の大きな介入はない。フランス，イギリスは，この両極端の中間にあり，多くの土地利用計画ならびに規制が存在するが，それらを実施する上で法的な規制は少ない。一方で北アメリカの土地利用政策は一様でない。歴史的にアメリカは一般的に私的な土地所有者が彼らの土地で何を行ってもそれを認めてきた。そして，私的な土地の利用を制限する努力は基本的な自由と個人の権利の侵害であるとして反対されてきた。こうして，都市ならびに特に郊外の開発については，むしろ無秩序に行われた。というのは，民間デベロッパー，建設業者，土地投機家は長期的な社会的，経済的な影響についてほとんど関心を持たず，彼らの利益を最大にしようとしたからであった。カナダでは土地利用規制は厳しく，多くの政府の介入（補助金，ゾーニング，建設コード，租税政策）が存在している。いくつかの国の厳しい土地利用規制は密集した高密度の開発をもたらすが，その他の国は

郊外のスプロール化をもたらしている。公共交通，自転車が利用可能であるのみならず徒歩も可能であるためには，それぞれの国の土地利用の多様なコントロールが重要である。

5. 欧米の都市交通のまとめ

　以上，ヨーロッパと北アメリカにおいて自動車による交通と郊外化が進展してきている。しかし，車の利用と郊外化の水準は国によってきわめて異なっている。特に，アメリカにおける車の保有と利用の水準はカナダ，ヨーロッパよりかなり高い。そして，アメリカの都市周辺の郊外の低密度のスプロールは，アメリカの大きな特徴となっている（最近ではポートランドのように路面電車による住みよい街づくりが行われているが，アメリカ全体から見れば基本的特徴は変わっていないと見るべきであろう）。他方，ヨーロッパにおける車の保有と利用の費用はアメリカよりもはるかに高い。そして，その相違は主として自家用自動車の保有に対する高い税金による。また，ヨーロッパの都市は一般的に車に対して優れた代替物を提供している。すなわち，広範な公共交通だけでなく，自転車・徒歩のための環境が優れている。さらに都市の構造が分散化傾向にあるとはいえアメリカに比べるとはるかにコンパクトである。こうした相違は都市交通の歴史に見られるようにヨーロッパとアメリカの都市交通に対する政府の姿勢の相違と無関係ではないように思われる。

　交通政策の社会的，政治的受け入れ方の比較研究を行った交通経済学者バニスター，プーカー等の最近の研究によってもEUとアメリカの「持続可能」な交通政策には大きな相違があるという。例えば，EU社会では現在でも自動車利用者は自動車の外部費用を負担するのが当然であると考えられているとする。そのため，京都議定書（第Ⅱ部第3章「交通と環境」を参照）におけるEUのCO_2削減目標8％は重く受け取られているだけでなく，イギリス，デンマーク，ドイツ，オーストリアなどでは8％以上の削減を掲げているとする。これに対してアメリカのCO_2削減努力は十分でなく，燃料税，駐車料金，その他何らかの自動車関係の税金を上げようとすると激しい反対に遭

遇するとしている[11]。

　しかし，ヨーロッパでも環境問題，都市の分散化・郊外化傾向，公共交通の経営難，それに伴う規制緩和・民営化といった政策問題等，今後も交通問題の解決は容易ではないであろう。

注
1) プーカー，ルフェーブル『都市交通の危機——ヨーロッパと北アメリカ』木谷直俊，内田信行，山本雄吾，西村弘訳，白桃書房，1999年，9-48頁参照。
2) 同上，12頁。
3) 同上，24頁。
4) 同上，17頁。
5) 同上，20頁。
6) 同上，25頁。
7) 同上，32頁。もっともわが国の自動車関係税も安くはなく，後に述べるように暫定税率といわれるものを上乗せするとヨーロッパ並みあるいは国によってはそれ以上である。従って道路がある程度整備されてきたということであれば暫定税率を廃止すべきである。なお，この暫定税率そのものは平成21年に廃止されたが，税水準については一部を除き「当分の間」維持されることになっている（第Ⅱ部第3章「交通と環境」を参照されたい）。
8) 同上，38頁。
9) 川尻亜紀「米国の都市交通における財源調達をめぐる問題——ニューヨークNYMTAの事例から」『運輸と経済』第65巻，第4号，2005年2月号，78頁。
10) ドイツについてはGraham Mallard and Stephen Glaister (2010) *Transport Economics*, Palgrave, pp.208-209を参照。
11) David Banister, John Pucher and Martin Lee-Gosselin (2007) "Making Sustainable Transport Politically and Publicly Acceptable; Lessons from the EU, USA and Canada", In Piet Rietveld and Roger R. Stough (eds.) *Institutions and Sustainable Transport: Regulatory Reform in Advanced Economies*, Edward Elgar, pp.18-21.

第 II 部

自動車交通論

第1章　混雑対策

　欧米の都市交通の歴史や現況を前提として，以下では自動車交通の個別の問題をあつかう。まず，ここでは道路混雑問題をとりあげる。車が増えると当然のことながら道路混雑が発生する。最近では道路整備によってかつてほど道路の混雑は生じていないように見えるが，地域によっては依然として深刻な社会問題となっている。例えば車道幅員 5.5 m 以上の区間について，一般国道・主要地方道においては，混雑度 1.0 以上（道路の適正な容量を超えた自動車台数が通行している状態）の延長が総延長の 20 % を超えており，主要区間での交通混雑は深刻である[1]。こうした問題についてどのように考えればよいのであろうか。経済学的には混雑は道路容量の供給量以上に需要量が大きいことから生じる現象である。以下は道路混雑に対する経済学的観点からの展開である。

1. 需要のコントロール

　道路に対する需要が増大すれば，道路の供給が必要となるが，短期的には，道路の拡幅，道路の機能分化（歩道と車道の分離，高速車と緩速車の分離）等によって道路容量の増大が可能となる。さらに長期的には道路を建設することによって容量を拡大できる。しかし，道路建設には時間がかかるので当面は需要を抑えることが考えられる。すなわち需要のコントロールである。それには，技術的コントロールと経済的コントロールがある。

(1) 技術的コントロール
　道路の混雑対策として通常主張されるものとしては，右折禁止，一方交通といった措置やバス・レーンの設置等がある。これらはいわば技術的コント

ロールといわれるものである。時には自動車による通勤交通の禁止が主張されることもある。こうした技術的コントロールのメリットは行政が判断するので実施が容易であることである。これに対してデメリットは①行政が判断することから規制の対象と程度が恣意的になること，および②通行をするかしないかの判断は利用者ではなく行政であるという点である（ここでは通行するかしないかの判断は利用者によってなされることが好ましいとする）。

またマイカー規制が主張されることがあるが，その論拠は，個人交通は道路スペース利用の能率上，他車種に比べて劣るという考え方である。もしそうであればタクシーも同じである。これに対してタクシーを規制からはずすのは公共交通だからという人がいる。この論には能率に対する考え方の混乱がある。つまりマイカーに対しては物的尺度による能率から規制をいい，タクシーについては価値的尺度による能率から規制をいっている。能率には物的尺度，価値的尺度があるが，価値的尺度には，公共用，産業用といった尺度と経済学的尺度がある。経済学的尺度とは，その通行に最も大きな価値を与えるものを優先して通行させるというものである。ここではこの経済学的尺度が重要であり，そのような観点からは以下のような混雑税が考えられる[2]。

(2) 経済的コントロール（混雑税）

経済的コントロールとしては多くの経済学者が主張する混雑税の導入がある。技術的コントロールに比べて混雑税導入のメリットは，①許されるべき通行と制限されるべき通行の決定が利用者にまかされるので強権的ではない，②混雑税収入の過多によって投資の指針が得られることである。そのような観点からすると技術的なコントロールはセカンド・ベストにすぎないことを認識しておく必要がある。なお，放置することも1つのコントロールの方法である。放置しても通常は一定のレベルで混雑はストップするからである。

以下は混雑税の基本的な説明である。

2. 混雑税（ロード・プライシング）

まず一般的に経済学では資源の最適配分を行うためには料金を企業の限界

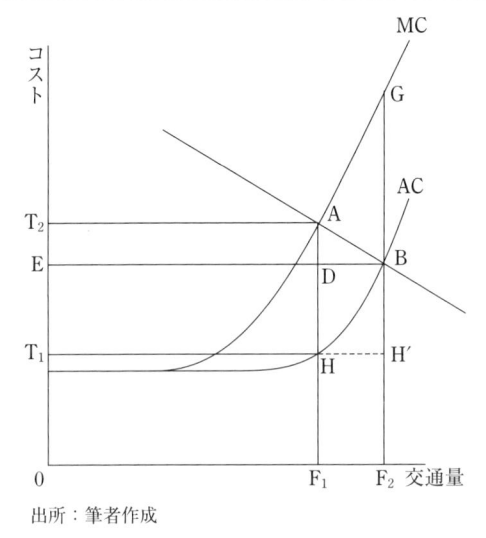

図1 混雑税

費用に等しくすればよいとされている。限界費用については公共交通の料金論(限界費用料金論)(第Ⅲ部第1章2)のところを参照してほしいのであるが，ここではこの考え方を道路にも適用したものである。筆者が作図した図1において，しばらくの間，交通渋滞は存在しないことを前提にして平均費用曲線(AC)は横軸に水平であるとする。したがってそれは限界費用曲線(MC)でもある。その後，徐々に渋滞が発生し始め，モータリスト(車による道路通行者)の平均費用曲線は右上がりとなる。なお各モータリストの費用は一般的には時間費用に燃料代を加えたものである。そして，渋滞を放置していると，交通量は平均費用曲線と需要曲線と交差するOF_2まで増大する。そこで，交通量を最適交通量に戻すためにモータリストにAHの料金(混雑税)を課すとすると，交通量は最適交通量OF_1へと減少する。OF_1までのモータリストは，通行に要する自己の費用に加えて料金を支払いながら道路を利用することになる。他方，混雑税を支払うことのできないモータリスト(OF_1からOF_2のモータリスト)はその道路の通行をあきらめることになる。これらのモータリストは混雑税が導入されている道路を迂回するとか混雑税が一定の時間帯に導入されるとすれば，その時間帯を避けて通行することになる。

これが簡単な混雑税の説明である。

なお，渋滞を放置していると，交通量は平均費用曲線と需要曲線と交差する OF_2 まで増大するが，その時，F_1-F_2 のモータリストの消費者余剰は ABD である。一方，総社会的費用は，AF_1F_2G である。したがって純社会的費用は，$AF_1F_2G - DF_1F_2B$ = ADBG となる。その場合，ADBG＞ABD であり，ADBG と ABD の差は，ABG である。この ABG を混雑による死重的損失という。すなわち，F_1-F_2 のモータリストは道路の過剰利用者ということになる。逆に混雑税を支払って通行する OF_1 のモータリストの私的費用は BH′ = DH だけ小さくなる。従って，私的費用は HF_1 となるが，料金として AH を支払う。その結果，AD だけ余分に支払うので，T_2ADE の消費者余剰を失うことになる。

これに対して政府は混雑税によって T_2AHT_1 の収入を得る。また，通行をあきらめた人の消費者余剰の損失分は ABD である。政府の収入から道路を利用する人の消費者余剰の損失分と通行をあきらめた人の消費者余剰の損失分を差し引いたものは，$T_2AHT_1 - (ABD + T_2ADE)$ = $EDHT_1 - ABD$ となる。$EDHT_1 - ABD$ = ABG とすると，混雑料金を課すことで死重的損失がなくなる。

混雑税の問題点としては，
① 混雑税の考え方は単純すぎる。
・料金を計算するための情報が不十分である。
・経済学で利用されている仮定をそのまま適用するのは危険（需要曲線はスムーズで連続的と仮定されている，現実の需要は屈折している，または非連続である）である。
・混雑税はファースト・ベスト的な解決であるが，これができない場合にはセカンド・ベスト的な調整が必要である。
② コストが高い。
③ 分配問題
　　道路利用者の一部（高い時間価値をもっている者）には利得があるが，通行をあきらめる者は，所得が中程度の自家用利用者が圧倒的に多い。
④ 収入の使途の問題

といった問題を指摘されることがある[3]。しかし，①については混雑税自体

を否定しているのではなく，導入に関して注意を要するというものである。②については技術革新によってコストが低下していくものと思われる。③については確かに通行をあきらめる人が出てくるのであるが，混雑税は道路という資源の配分について通常の商品と同じように価格メカニズムを導入しようとしたものである。④については政府の収入は混雑対策に回すのが好ましいであろう。

　実際，すでに混雑税を導入している都市もある。例えば，シンガポールでは1998年から時間帯によるエレクトロニック・ロード・プライシング (Electronic Road Pricing : ERP) が導入されている。電光掲示板が道路の上にあり in operation の掲示がなされる。車所有者はプリペイド・カードを購入し，車の中の機器に差し込んでおくと，道路上のセンサーがその車をキャッチし，利用状況がカードに自動的に記録される。具体的には，ERP はプリペイド・カード方式で，自動車がゲートを通過する際に車両装置（IU）にセットされたカードから料金が差し引かれ，違反車両は写真が撮影される。IU は，1998年には，150Sドル（1998年当時で約11,460円）で販売されている。ERP の料金はかなり細かく設定されている。例えば月曜から金曜に乗用車が通行する場合，7:30～8:00は1Sドル，8:00～9:00は2Sドル，9:00～9:30は1Sドルと3段階になっている[4]。

　ただ，シンガポールでは1990年から国内を走行する車の数をコントロールするために，マイカー購入者に「車の購入権」の取得を義務づけている。2002年4月までの1年間，政府が発行する「車の購入権」はバイクを含め約86,800台分で，廃車の数と差し引きすると，車全体の約3％で，1年間で約20万の純増になるよう設定されている。「車の購入権」をどのくらいの台数分発行するのかは道路整備の状況などとの見合いで決め，車が過剰となって渋滞を招かないように調整している。「車の購入権」の値段は，購入希望者による入札で決まるようになっており，2002年当時の相場は190万円から200万円で，日本製の小型車が買えるほど高い。日本製の小型車を購入した場合，「車の購入権」や諸費用を含め約600万円程度必要とされる[5]。

　ロンドンでも都心部で通行料制度が2003年2月から導入されている。市内中心部に進入する車に1日5ポンド（2003年当時で約1,000円）の支払いを

義務づけた。導入から1年間で同制度適用域内では交通量が15％減少し，渋滞は30％も解消した。ドライバーは，電話，郵便，インターネット，ガソリンスタンドなどで料金を支払い，域内を出入りする車を登録する。無登録者には罰金が科せられる。道路の至る所に取り付けられた監視カメラでナンバープレートがチェックされ，料金を当日の午後10時までに支払わなければ5～120ポンドの追加料金が加算されるというものである。しかし，2006年4月からは，名刺大の電子タグをフロントガラスに貼った車が路側のセンサーの前を通ると，赤外線で電子タグから車のナンバーが読み取られるシステムになった。判読率は99.5％に向上した。また，ドライバーが規制区域に入るたびに徴収したり，混雑の程度に応じた料金の変更もできる。銀行口座からの料金引き落としも検討しており，ドライバーを悩ませてきた料金払い込みの面倒や払い忘れといった問題もなくなると期待されている。なお，料金は2005年6月から8ポンドに値上げされている。その一方でこうした制度が受け入れられやすいように料金割引車両，免除車両も存在する[6]。

わが国では東京都が平成12年2月に提示したTDM（Transport Demand Management：交通需要マネジメント）東京行動プランで導入を掲げている。慶應義塾大・一橋大ITS経済研究会の試算によると，東京都における最も混雑の激しい時間帯である午前6時から午前11時までの通行料金を普通車

表5 混雑税の導入都市

都市名	導入時期	料金 (ドル/小型車)	エリア (km²)	平均交通量 (台/日)	年間収入 (100万ドル)
トロンヘイム	1991	2.40	50.0	74,900	25.00
オスロ	1991	2.40	64.0	248,900	196.00
ベルゲン	2004	2.40	18.0	84,900	36.00
ストックホルム	2006	1.33～2.66	29.5	550,000	NA
シンガポール	1998	0.33～2.00	7.0	235,000	80.00
ローマ	2001	3.75	4.6	75,000	12.30
ロンドン	2003	15.0	22.0	110,000	320.00
サンチャゴ	2004	6.42	NA	250,000	NA

出所：Kenneth J. Button（2010）*Transport Economics*, 3rd edition, Edward Elgar, p.290

表6　ロンドンにおける混雑税導入の効果

1. 課税ゾーン内への流入交通量が20%減少
2. ゾーン内の交通速度が10～15%向上
3. ゾーン周辺のインナーリングロードの交通量が5%上昇。しかし交通速度にはほとんど変化なし。
4. 1日当たり約10万台の車が利用している。
5. バス利用への転換が進み，バス利用客が15%増大した。
   バスの信頼性も向上し，セントラルエリアの待ち時間は30%短縮し，スピードも15%向上した。
6. 混雑税による純便益は年間で約5,000万ポンドである
7. 混雑税導入後の社会的評価としては55%が賛成，30%が反対（導入前には賛成40%，反対40%）である

出所：David Banister, John Pucher and Martin Lee-Gosselin（2007）"Making Sustainable Transport Politically and Publicly Acceptable; Lessons from the EU, USA and Canada", In Piet Rietveld, P. and Stough, Roger R (eds.) *Institutions and Sustainable Transport: Regulatory Reform in Advanced Economics*, Edward Elgar, p.39.

1,600円，大型車3,100円と推計している[7]。

なお，表5は混雑税が導入されている最近の世界の都市を示している。一般的な効果としては，やはり都市によって多少パターンは異なるものの交通量の減少，公共交通の利用の増大が見られる。また，表6はロンドンにおける混雑税導入の効果を示している。

しかし，長期的になると道路投資を行わなくてはならなくなる。その際，重要なことは都心部を通過する交通を環状道路に振り分けて都心の交通渋滞を緩和させることで，そのためには環状道路の建設が重要となる。ヨーロッパでは人口30万人以上の都市であれば環状道路を先行して建設するのが一般的である。しかし，わが国では先に放射状道路を建設してしまい，すでに住宅が建ち並ぶ所で環状道路を建設するといったことが生じており，建設に時間を要している。しかし，交通経済学者であるヤンソンが指摘するように，環状道路を建設しても環状道路の利用が無料で，都心部では混雑税がない場合には環状道路の建設は，結局，道路交通量の増大につながるとの議論がある[8]。実際，混雑税がない場合には道路容量を拡大してもそのもとで常に死重的損失が存在し，道路投資への圧力が高まる[9]。この点は終章の「都市と

交通」のところでも重要な論点となる。なお，以下の章では都市部の有料道路を含む有料道路一般論を展開する。

注
1）『平成21年版道路行政』道路利用者会議，2010年，206頁。
2）藤井弥太郎「都市道路政策」増井健一編『都市交通講座 第2巻 交通と経済』鹿島出版会，1970年，211-270頁を参照。
3）本著は入門経済学の理解を前提としているが，ここでの混雑税の説明は厳密なものではない。詳細はKenneth J. Button（2010）*Transport Economics*, 3rd edtion, Edward Elgar. pp.191-206 を参照されたい。
4）児山真也『ロード・プライシングの都市間比較──シンガポールとノルウェー』1998年度日本交通学会報告要旨，86頁参照。
5）『日本経済新聞』2002年2月10日付け。
6）福沢茂樹「ロンドンにおける混雑課金制度の6ヵ月報告と今後予想される制度変更」『運輸と経済』運輸調査局，第64巻，第3号，84-85頁，および，David Banister, John Pucher and Martin Lee-Gosselin（2007）"Making Sustainable Transport Politically and Publicly Acceptable; Lessons from the EU, USA and Canada", In Piet Rietveld and Roger R. Stough（eds.）*Institutions and Sustainable Transport: Regulatory Reform in Advanced Economies*, Edward Elgar, p.37 を参照。
7）中条潮監修『ITS産業・経済2001』経済産業調査会，2001年，152頁参照。
8）Jan Owen Jansson（1993）"Government and Transport Infrastructure-Investment", In Jacob Polak, Arnold Heertje（eds.）European Transport Economics, Blackwell, pp.241-242.
9）Kenneth J. Button（2010）*Transport Economics*, 3rd edtion, Edward Elgar. pp.322-323.

第2章　有料道路論

1. 有料制の採用

　現在，有料道路（高速自動車国道）の無料化論が議論されているが，後に述べるようにそれには必ずしも一貫した政策論があるようには見えない。こうした道路の有料制の問題を正しく議論するためには歴史的に振り返ってみることが必要である。

　まずわが国の現在の有料道路は約 7,600 km となっているが（平成 20 年現在），もともとわが国の道路は西欧と違って馬車交通の時代がなかったために極めて貧困であった。そのため，昭和 29 年から第 1 次道路整備 5 カ年計画が発足し，本格的な道路整備がはじまったが，限られた一般財源による公共事業費のみでは道路交通需要に追い付かないということから，昭和 27 年に道路整備特別措置法が制定された。これは，旧道路法による橋または渡船施設にのみ認められていた有料制を一般道路にまで拡大し，資金は，資金運用部資金特別会計から借り入れ，通行料金によって償還するというものであった。

　昭和 31 年には新道路整備特別措置法が成立した。これによって事業の効率的な運営をはかるとともに民間の余裕資金を活用することを目的として日本道路公団が設立された。つまり，借入金による建設とその償還のための有料制が採用された。これとともに旧道路整備特別措置法は廃止された。その結果，従来国が一般国道につき直轄で施行していた有料道路の建設方式は廃止され，公団による建設方式が採用されたのである。昭和 34 年には，首都高速道路公団，昭和 37 年には阪神高速道路公団，昭和 45 年には本州四国連絡橋公団の設立と地方道路公社法が成立した。

1.1 有料道路の種類と事業主体

　従来，有料道路には，道路法上の道路として高速自動車国道，都市高速道路，本州四国連絡道路，一般有料道路，有料橋，有料渡船施設がある。このうち，有料橋，有料渡船施設は道路法第 25 条によるものであり，他は全て道路整備特別措置法に基づくものである。

　道路法の対象となる有料道路について事業主体との関連を示すと，従来は以下のようになっていた。

- 高速自動車国道，一般有料道路（一般国道，都道府県道，市町村道（日本道路公団の施行する市町村道は指定市道のみである））…日本道路公団
- 都市高速道路…首都高速道路公団
- 都市高速道路…阪神高速道路公団
- 都市高速道路…指定都市高速道路公団
- 本州四国連絡道路…本州四国連絡橋公団
- 一般有料道路（一般国道，都道府県道，市町村道）…地方道路公社
- 一般有料道路（都道府県道，市町村道）…都道府県・市町村（自らが管理している道路のみ）
- 有料橋，有料渡船施設（都道府県道，市町村道）…都道府県・市町村

　このうち，平成 19 年から高速自動車国道，都市高速道路等の所有形態が変更された。

1.2 料金決定原則

　道路整備特別措置法に定められた有料道路の料金原則は，第 1 に償還主義の原則というものである。これは料金収入によって一定の料金徴収期間内に，建設費，維持管理費，借入金にかかわる利息などの費用を償還するというものである。第 2 は，公正妥当の原則である。これは個々の利用者が当然負担すべき費用に対して著しく高い料金であってはならないし，またこれに対して著しく低い料金であってはならないこと，すなわち，利用者の負担能力や他の交通機関の運賃との均衡等を考慮して，正当にして合理的な料金であるというものである。第 3 は，便益主義の原則である。これは当該道路を通行

または利用することにより通常受ける利益の限度を超えない範囲であることというものである。償還主義は全ての有料道路に適用されるが，公正妥当主義を採用するか便益主義を採用するかによって2つのグループに分かれる。すなわち，高速自動車国道，首都・阪神高速道路，指定都市高速道路は公正妥当主義，一般有料道路と本州四国連絡道路は便益主義をとっている。収支計算を行う対象路線の範囲は，高速自動車国道が全路線料金プール制，都市高速道路は自動車交通上密接な関連を有する道路ごとにプール採算をとってきた。一般有料道路は通常は個別路線ごとの採算性が原則である。

1.3 有料道路事業の財源

有料道路制度は，財源不足による建設の遅延を緊急に整備するために採用されている特別措置であるから，財源はほとんど借入金であり，日本道路公団，首都高速道路公団，阪神高速道路公団，本州四国連絡橋公団の道路4公団はその財源の大部分を財政投融資資金（公団債）と縁故債に依存してきた。都道府県等の道路管理者自身が事業主体として有料道路事業を行う場合には国からの無利子貸付金，公営企業債である。地方道路公社の場合には国からの無利子貸付金，地方公共団体の出資金，縁故債等である。指定市高速道路については財投引き受けによる地方債である特別転貸債，国の利子補給金等である。

1.4 償還主義

料金制度の問題点としては，償還主義の問題（料金水準の問題）とプール制及び画一料率制の問題（路線間の料金の在り方即ち料金構成にかかわる問題）がある。

(1) 償還主義の内容

償還主義とは借入金で建設資金を調達し，元利合計と維持管理費を料金収入で賄うというものである。償還期間は，従来はおおむね30年で，単年度の収支は直接的には問題とされない。すなわち，30年の償還期間の元利資本費総額と料金収入総額が等しくなるように，全期間を通じて，単一の料金率が決定される（つまり，もともとは30年間という償還期間の間に料金改

定は行われないことになっている。しかし，プール制のために料金改定が必要となってくる）。公企業の場合，資本費について，通常，毎年度に減価償却と支払い利子がその年度の収入で償われるべき費用として計上される。その意味において，道路公団の償還主義は収支時間プール制である。通常の資本費配賦では，初期の料金が高くなり，施設の有効利用ができない。ここで資本費とは減価償却費と利子のことで，初期の段階では利子負担が大きい。償還が進むにつれて，資本費負担は軽減される。結果として，世代間の不公平が生じる。償還主義は，この事態を避けるため，減価償却と利子の負担を産出量（販売量）比例で償却するものに等しい。公営地下鉄，鉄道建設公団による建設・譲渡に比べて，道路公団方式の償還主義は好ましいように思われる。それでも後の公共交通の料金論（第Ⅲ部第1章2）で述べるラムゼイ価格論的な観点からすると問題がないわけではない。すなわち資本費の配賦は恣意的である。これに対してラムゼイ価格を用いると，各年の限界費用＝維持・管理費に加えて，資本費については，需要の価格弾力性に反比例する形で配賦する。その場合でも当面の資本費負担が軽くなるため，浪費的な過大投資を招く恐れがある。

(2) 償却主義の問題点
① 料金により償われるべき費用の範囲の問題
(イ) 限界費用価格形成原理

施設の有効利用という観点から価格を限界費用＝維持・管理費に等しくしようとする考え方である。しかし，建設費について公的補助の問題，所得分配の問題が生じる。さらに，料金を限界費用に等しくするためには道路部門以外でも限界費用に等しい料金設定がなされなければならず，セカンド・ベストの問題が生じる。

(ロ) 総費用を下回る料金でよいとする考え方

その論拠は，現状では償還後の世代に資産を贈与するに等しく，それだけ，償還期間の利用者は過大負担となるというものである。しかし，問題点としては，用地費を別にして道路施設も利用による減価がある。その分は償却を要するという問題が生じる。

第2章　有料道路論

(ハ)　用地費の問題

償還主義では，用地費が含まれている。しかし，土地は非償却資産であり，料金による償還対象から除くべきである。用地費は，出資金その他公的な負担あるいは借り換えでまかない，料金については，毎年の地代相当額のみを含めるのが好ましい。

(ニ)　取得原価の問題

償還主義のもとでは，料金に課せられる原価は取得原価である。耐用期間中に物価騰貴があると，施設の実体価値を維持しえず，相対的に低料金となり，道路の浪費的な利用が生じる。

しかし，有料制は，財源不足を補う経過的措置として導入されたものであるから，そのかぎりにおいては，償還主義は自然な帰結である。とすると，一定期間に総費用（用地費は除く）を利用者負担として回収するのは妥当な考え方である。

②　償還後の無料開放原則について

償還後の無料開放に対する批判として以下のようなものがある。

(イ)　維持管理費が高くつく。実際，関門道路トンネルは償還後も低い料金を維持し続けている。

(ロ)　高速道路の有効利用，混雑料金としての性格がある。

(ハ)　道路網全体あるいは交通体系全体についての効率的な交通量配分のための割安料金の必要性。

(ニ)　償還後の無料開放は後の世代に対する贈与である。しかし，これは世代間の負担の公平を欠いている。

以上の①，②の議論などから考えると，償還後は維持管理費の回収を主な目的として有料制を継続するのが好ましいといえる[1]。そして，この維持更新費用に基づく料金水準はかなり低くなるものと予想される。

2. 画一料率を前提にしたプール制

2.1 プール制，画一料金と効率

　昭和47年の道路審議会の答申に基づき，路線間のプール制と画一料金制が導入された。こうしたプール制と画一料金制は，本来は効率上問題を持っている。まず，効率は総余剰（生産者余剰と消費者余剰の合計）で評価するものとする。ここでは公団は収支均等とし，生産者余剰はゼロとすると，消費者余剰の大きさが効率の基準となる。そこで，ここでの問題は路線別料率とプール制による画一料率ではともに収支均等をはかるとして，どちらの料率の場合に消費者余剰がより大であるかということになる。

　図2において，単純化のために各路線のサービス供給の限界費用は一定で平均費用に等しく，それぞれ P_1, P_2 とする。

　路線別料率の場合，料率がそれぞれの路線の限界費用に等しく定められる

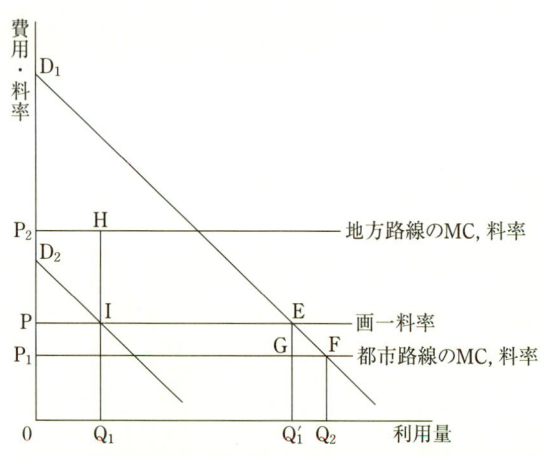

出所：藤井弥太郎「高速道路の料金」『道路交通経済』
　　　経済調査会出版部，1978年7月号，23頁。

図2　プール制に基づく画一料率と路線別採算に基づく
　　路線別料率の効率上の比較

とすると，都市路線の料金は $0P_1$，利用量 $0Q_2$，消費者余剰は D_1FP_1 である。地方路線の料金は $0P_2$，利用量はゼロで，消費者余剰もゼロとなる。したがって，都市部と地方部の消費者余剰の合計は D_1FP_1 である。

プール制を採用し，画一料率をとり，料金は $0P$ とする。その場合，都市部の利用量は $0Q'_1$，都市部の消費者余剰は D_1EP で路線別の場合より $PEFP_1$ の減少である。地方路線の利用量は $0Q_1$ である。したがって地方部の消費者余剰は D_2IP で，路線別に比べて D_2IP の増大である。これに対して，生産者余剰は都市部で $PEGP_1$，地方部で $-P_2HIP$ となるが，道路公団全体では収支均等を前提としてプール制を採用しているので両者の大きさは一致する。したがって，$PEFP_1 > PEGP_1 = P_2HIP > D_2IP$ となる。すなわち，プール制を前提にした画一料率制は路線別に比べて都市部で失う消費者余剰が地方で増える消費者余剰より大となる。それゆえ，効率からするとプール制を前提にした画一料率は路線別料率より好ましくない。さらにプール制は受益者負担原則をくずすことになる。かくして，投資基準が失われるし，経営能率改善へのインセンティヴがなくなる。収支があいまいになると経済的なディシプリンが失われて政治の介入余地が生じる。さらに，内部補助の問題は所得分配の問題をもたらす。

2.2 内部補助の論拠

このように効率的には問題のある路線間のプール制が導入された。その理由としては以下のようなものがあげられている。

① 高速自動車国道は全国的な枢要交通網を形成すべきである。

② 建設時期の相違に起因する単価の差異により建設費も影響をうけ，路線別採算で個別の料金を設定するなら，事業採択の時間的順序の違いから料金に差が生じることになるので，これを避けること。

③ 借入金の償還を円滑に行うこと。

そこで内部補助の根拠について検討する。一般的には事業全体としても収支均衡下で，当の路線の料金がそのコストを下回れば内部補助を受けているとされ，料金がコストを上回れば内部補助をしているとされる。この場合にコストは，共通費を通常の会計手続により一定の基準にしたがって配賦した

完全配賦費用をいうことが多い。
　ところで，内部補助には，以下の2種類のものがある。
　①　企業的な内部補助
　これは自己の利益から事業者が自発的に行うものである。多くは効率的で政策問題ではない。
　②　社会的な内部補助
　これは社会的要請によるものである。単に路線についての料金の一体性ということだけでなく，全国ネットワークの形成という目的を達成するための手段として行われるものである。問題点としては，以下のようなものがある。
　(イ)　効率上の問題
　内部補助を受ける側では浪費的需要が発生し，内部補助をする側では需要が減少する。
　(ロ)　公平上の問題
　社会的要請を満たすための費用の一部を利用者に負担させる。
　(ハ)　目的達成の手段としての限界
　従来，高速道路の整備目標は国土のどこからでも1時間以内で高速道路へアクセスできるようにすることであった。その意味では1つの価値判断が入っている。しかし，内部補助で整備するには限界があり，外部補助が必要となる。一方で外部補助には効率の問題が出てくるので，状況により1人当たりの負担が比較的小さく，著しく不公平にならぬ範囲で内部補助の方が次善のケースである場合もある。その場合には，一定の歯止めが必要となる。

2.3　内部補助の限度

　そこで，昭和60年の道路審議会の中間答申は内部補助の意義と限度を示した。
　意義としては，①共通費の存在，②地方路線の交通量を増大させる培養効果，③利用可能性の拡大，④低物価期に建設された先発路線がその後の物価騰貴で得た先発の利益等である。限度としては，内部補助を受ける側の限度は料金収入（プラス内部補助）が費用を償うのに必要な収入の少なくとも2分の1であるとした。この論拠は明確ではないが，他の路線の利用者から内

部補助をしてもらうのであれば少なくともそれと同額程度は自己負担すべきである，というやや素朴な考え方にある[2]。

しかし，こうした歯止めの存在については一般的には十分な認識がなく，内部補助への批判がなされ，いわゆる無駄な道路投資論につながったように思われる。

2.4 画一料率制

上記のごとく，昭和47年の道路審議会答申はプール制とともに画一料金制の導入も勧告した。その論拠は，①サービスの全国的一体性，②建設時期の相違から料金が路線ごとに相違することの回避，③提供されるサービスはほぼ同質のサービスであるというものであった。

しかし，①の路線の一体性や②の建設時期の差異の問題は料率の画一性にただちにつながらない。③についても外見上，同質のサービスということは必ずしも同一の料率でなければならないということではない。コカ・コーラは街中でも富士山の頂上でも同じ製品であるが，コストも効用も異なる。価格が違ってもおかしくはない。このように考えると，ただちに画一料金論は導びかれない。結局，画一料金論は平等感の問題の性格が強い。しかし，その場合には，どの当事者も実質的な利益を失うことがありうる[3]。

2.5 車種別料金

(1) 車種間比率の決定

車種間で料金にどれだけの差があるべきかは，比率で決められてきた。利用台数が車種別に予測できれば基準となる普通車の1台キロ当たりの料金（平成元年の改定で23円/台キロ）が計算できる。これにインターチェンジ間のキロ程をかけ，さらにターミナル・チャージ（インターチェンジなどの建設維持費用のための料金部分）を加えて各インター間の料金が算出される。普通車以外は車種間比率により計算できる。日本道路公団の料金区分によると現在車種は，軽自動車等，普通車，中型車，大型車，特大車の5つであり，車種間比率は 0.8：1：1.06：1.55：2.75 となっている。しかし，車種間比率がどのように決定されるかはそれほど明確ではない。

まず，最も重要なのは車種別の費用である。道路を損傷する力は車軸の重さの3～4乗に比例する。つまり，大型車が多いほど費用は大きくなる。しかし，車種間比率は費用だけでなく，道路の占有面積，走行便益等が考慮されている。

(2) 車種間比率とラムゼイ価格

経済学的な観点から車種間比率の問題を考えてみる。道路の費用の中には舗装の費用のように，その車種が存在しなければ削減できる費用がある。このような費用は回避可能費用とよばれる。それを車両数で割ったものは限界費用に近いものである（個別費用）。一方，用地や土台の費用は各車種に共通に発生する固定費用（共通費用）である。

平成元年度の料金改定以前は普通車，大型車，特大車の3区分であり，この料金比率は1：1.5：2.75であった。共通費用を弾力性に逆比例して配分するラムゼイルールに基づくと，1：2.62：3.47であった。こうした観点からすると大型車の料金引き上げが重要であるということになる[4]。

3. 道路公団民営化までの道路整備と道路公団民営化の問題

3.1 道路公団民営化までの道路整備

建設省（現．国土交通省）は昭和62年の第4次全国総合開発計画において約14,000 kmの高規格幹線道路（高速自動車国道のほかに一般国道でも高速道路規格の自動車専用道路）を整備する目標を掲げていた。このうち11,520 kmは高速自動車国道，残る2,480 kmは一般国道の自動車専用道路として建設する予定であった。そして，平成27年までに高速自動車国道を11,520 kmを整備するとの目標をかかげ，3～4年に一度の割合で段階的な値上げを認めていた。実際，平成6年春には通行料の値上げがなされた。こうして，平成9年には高規格幹線道路は，高速自動車国道7,265 km，本州四国連絡橋147 km，一般国道の自動車専用道路297 kmと約半分が完成した。しかし，経済環境の変化もあって，同年6月，建設省はたとえ整備時期がず

れ込んでも値上げを回避するという政策に転換した．その後，料金を引き上げしなくても済む範囲内で整備を進め，平成14年までは料金据置，高速道路の建設・管理費の削減，事業の重点化，国・自治体の公的助成を拡大するとしていた[5]．また，自治体負担による高速道路の料金割引制度も導入された．例えば，山形道庄内線（酒田～庄内，31 km）では，日本道路公団が料金を20％下げたうえ，地元負担の折半で割引制度が導入された．割引率は30％である．山形県，関係14市町村，商工会議所等からなる協議会が日本道路公団から回数券を15％割引で購入，残り15％を地元が負担する形で値下げした．日本道路公団側の値下げと合わせるとおよそ半額になった[6]．

その後，わが国の高規格幹線道路は平成20年度末で9,468 kmとなっており，総延長14,000 kmの67％が完成している（高速自動車国道7,641 kmで66％，一般国道の自動車専用道路（本州四国連絡道を含む）1,107 kmで44％）．

3.2 道路公団民営化の問題

上記のように，わが国の高規格幹線道路は平成9年に約半分が完成し，平成20年度に約70％が完成したが，平成19年に道路公団が民営化された．その背景には道路公団の借金が新規の道路建設のために膨らみ続けていたからであるとされる．高速道路の路線別の収支を見ても，39路線のうち21路線が赤字で，東名高速など一部の収益路線が赤字を補っている形で，採算性の低い路線の建設を続ければ全体の収支が赤字に転落する可能性も出てきたといわれた．そこで，利益が出ているうちに道路公団を改革して高速道路政策の健全化を早めることが重要とされ，平成16年3月9日に民営化が閣議決定され，道路関係公団民営化関連4法が6月2に成立した．

もっとも，経営組織の問題も民営化すれば高速道路政策の健全化がなされるというのは議論があるであろう．この点について，交通経済学者である藤井弥太郎氏は以下のように述べている．

すなわち，経営組織として民間企業にくらべ公的組織が選ばれる理由は，1つには，資金調達のうえでの，ことに大規模な政府補助の受け皿としての便宜性である．大きな補助を受ける事業では経営に政府の介入を避けられず，

民間企業になじまない。一方，民間企業ではリスクに耐えられない長期巨額の投資でも，公的な信用力をもって資金フローをつなぎ，リスクを乗り越えられる可能性がある。現実に高速道路では30年から50年という長期の償還期間を要しており，民営化論の風潮にもかかわらず，鉄道のような民間部門でも，インフラ整備については鉄道建設公団や第三セクターによって進めるのが一般的であるとしている。もう1つの理由としては，大規模な内部補助を必要とする場合の便宜性である。全国プール制，とくに画一料率が要求されるのであれば，少数の黒字路線で多数の赤字路線を補うための利潤を上げなければならないが，利潤動機のない公企業の場合の方がそのような料金でも受け入れられやすい。平成7年度で東名高速道路の収支係数は13で，料金収入100円に対してコストは13円でしかなかったとされる。このような料金は，民間企業の場合には不当な利潤の料金と見られかねないとしている[7]。

　結局，平成17年10月1日，道路公団は，東日本高速道路，中日本高速道路，西日本高速道路の3つに分割された。これは独立行政法人日本高速道路保有・債務返済機構が，高速道路会社に道路を貸し付ける上下分離方式である。高速道路会社は，高速道路の建設，管理料金収入，サービスエリアなどの店舗の経営である。道路会社は料金収入から管理費を引いたものを貸付料として機構に支払う。料金収入から利益を上げることはできないことになっている。道路建設については，会社が社債を発行し，資金調達した高速道路も使用を開始すると資産と債務を機構に移す。社債については5年間の政府補償がつく。なお，首都高速道路公団は首都高速道路，阪神高速道路公団は阪神高速道路，本州四国道路公団は本州四国道路へと変身した。そして，これから建設予定の高速道路のうち道路会社が約897 kmを建設し，約700 kmは国の直轄とし，無料（財源は国と自治体が負担，建設は新会社に事業委託が可能）とした。

　ただ，民営化問題は民営化以前の平成14年に導入された新直轄制度と合わせて見る必要がある。従来の有料制度と新直轄制度を併用することで，民営化後の道路会社が新たに建設する区間は会社の自主的判断から引き受けるものに限られ，かつ完成後は資産・債務とも機構に移管されるから，債務累

積や赤字化には歯止めの措置が民営化に先んじて行われていた。それ故，民営化は問題も含みながら，より広く経営の自主性を求めた側面もあるといえる。

　これに対して，わが国の道路公団問題に詳しい武田文夫氏は，以下のように公団民営化後の活力の問題を問題提起している。すなわち，「公団時代には公共の利益のためにということで，それなりに志気の高かった組織であったが，8,500 km の高速道路の大ネットワークの維持運営と今後に予定されている 1,000 km 弱の建設について，利潤は許されず，ただひたすら民間らしいコスト節約と効率で仕事をし，料金引き下げ努力もせよというのが今の姿である。民間企業の最大の活力源は創意工夫と職員が報酬として受け取り，残りを内部留保として，再投資，新投資に向け，業務の充実と社業の拡大を図る。これが活力のもとである。公益の名を取り去られ，活動のエンジンを与えられないまま，そして努力して成果を挙げれば，……より早くその使命を終えて解散してしまうというのが，今の組織の姿である」[8]としている。

4. 有料道路無料化論と都市間交通手段の選択

　有料道路制はもともと財源難のなかで道路整備を急ぐ必要性から採用されたものであり，これまでの議論からすれば借入金を償還した後に有料でなければならないとの論拠は見当たらない。事実，道路公団民営化後の新制度のもとでも将来は無料となっている。しかし，既に述べたように維持費程度を回収すべきであるとの有料道路制はそれなりの論拠がある。これに対して平成 21 年 10 月の政権交代によって浮上してきた有料道路無料化論はどのような論拠があったのであろうか。ここでは，従来，あまり議論されてこなかった有料道路が無料になった場合の都市間交通手段の選択問題について交通経済学者ヤンソンによる議論を紹介し，高速道路無料化論の資源配分上の問題点はないのかを検討する。

　まず，前提として 2 つの大都市間を結ぶ長距離路線において，当初の総旅客交通量は鉄道，航空，自動車に均等に配分されているものとする。図 3，図 4 において長距離の大都市間で航空の容量のみは交通量に一致し，鉄道の

容量は，鉄道の交通量の2倍とする。道路は短距離から長距離需要に対応できる柔軟性に富んでおり，自動車の道路上の容量は交通量よりもかなり大きいものとする。

まず，鉄道投資の影響が図3に示されている。鉄道投資は，予想される鉄道需要の増大に対する投資で，鉄道通路の改良，速度・便数の向上のための投資等であるとする。

利用者の便益計算は2つのステップで考えると分かりやすい。ステップ1は，ポジション1（鉄道についていうと，鉄道のコスト=GC_1，トリップ数=Q_1）からポジション2（鉄道のコスト=GC_2，トリップ数=Q_2）への移行である。この段階では鉄道以外の交通手段の一般化費用（GC：generalized cost, 走行コストや運賃に時間費用を付け加えたもの）は一定とする。しかし，鉄道以外の交通が公共交通であればこのことは適切でない。そこで，ステップ2（ポジション2からポジション3への移行）では鉄道以外の交通手段のGCは一定でないとする。実際には自動車のGCは変化しないものとすると，変化するのは航空のGCである。そして，鉄道投資によって航空の需要曲線が左へシフトすると航空のGCは上昇する。ポジション3では航空のGCの上昇に対する影響が最終的に調整されている。

ステップ1：鉄道運賃Pは費用P*を超えるものとして，鉄道投資による鉄道の便益については全体を通じて消費者余剰であるエリアA（一般化費用の減少）と利潤であるエリアBである。自動車と航空市場の需要曲線は，鉄道のGCの低下によってそれぞれ左にシフトする。その結果，自動車市場においては，有料道路を前提とし，道路使用料Pが費用P*以下とすると，Cに等しい追加便益（損失の縮小）が生じる。他方，航空では，航空運賃Pは費用P*を超えるものとすると，最初のステップが終わった段階（航空のコスト=GC_1，トリップ数=Q_1から航空のコスト=GC_1，トリップ数=Q_2への移行）ですでに非便益（利潤の減少）が発生している。

ステップ2：鉄道投資によって航空需要が減少すると，航空の便数等の減少によって航空のGCが上昇する。これは，鉄道の需要曲線を右へ移動させる。しかし，そのことによって既存の鉄道旅客の消費者余剰は増大せず，逆に，競争している航空から移ってきた旅客のポジション3の状態はポジショ

第2章 有料道路論

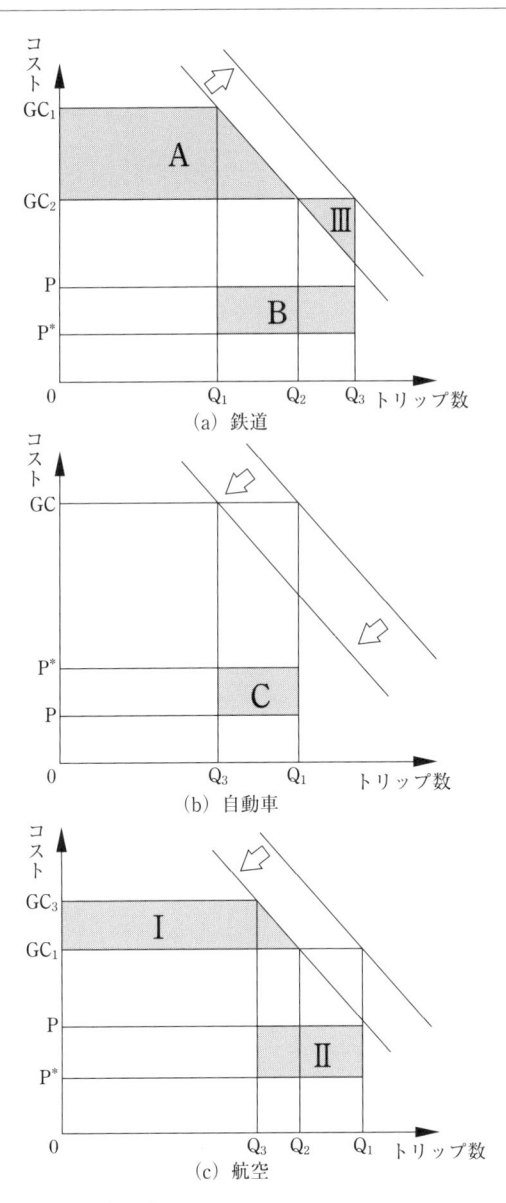

出所：Jan Owen Jansson (1993), "Government and Transport Infrastructure Investment" In Jacob Polak, Arnold Heertief (eds). *European Transport Economics*, Blackwell, pp. 225-229.

図3　鉄道投資の自動車，航空への影響

図4 鉄道投資の自動車,航空への影響

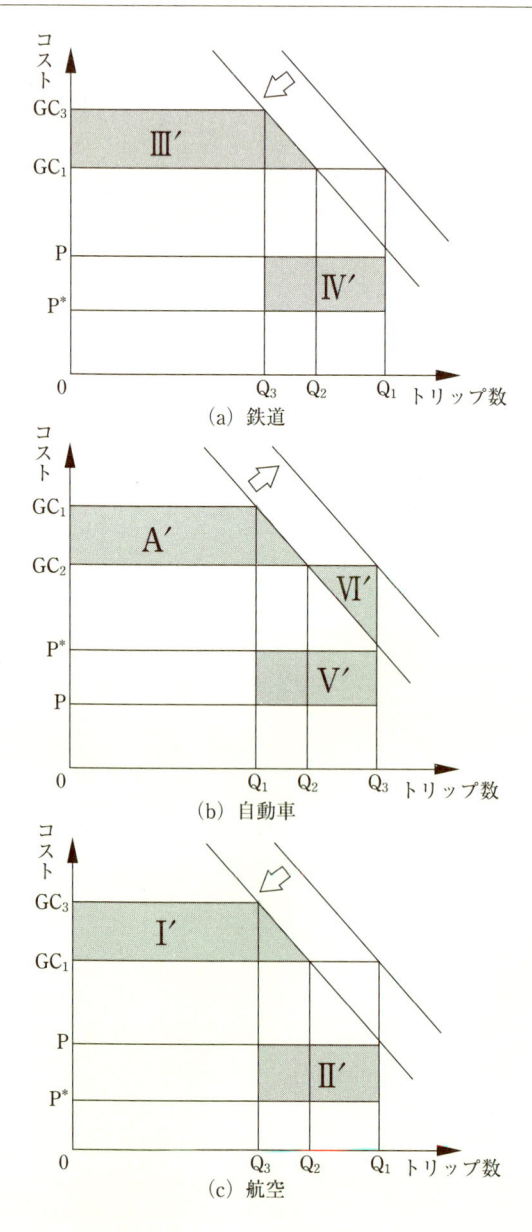

ン2より図3の三角形のエリアⅢだけ悪化する。

　図3における自動車交通のGCは一定とされているので，ステップ1とステップ2の区分は必要ない。そのため，自動車交通の需要曲線のシフトは2つのステップを合わせたものとなっている。こうして鉄道投資による旅行者の総便益は，A＋B＋C－Ⅰ－Ⅱ－Ⅲとなる。

　図4では，道路投資について同じように考えると，自動車交通市場ではA′の便益があるのに対して，前のケースと同じ仮定のもとで，6項目の非便益がある。そして，利用者の総便益は，A′－Ⅰ′－Ⅱ′－Ⅲ′－Ⅳ′－Ⅴ′－Ⅵ′となる。

　このように考えると，都市間においては鉄道や航空よりも自動車道路のネットワークに重点を置いた戦略は賢明とはいえない。都市間長距離交通は，鉄道と航空がふさわしい[9]。有料道路（それも費用以下の料金）を前提としたヤンソンのこうした議論からすると有料道路無料化論（理論的には道路交通需要の増大によって道路不要論とは異なり道路投資への圧力を強めうる）は都市間の交通手段の選択において資源配分の歪みをもたらす可能性がある。もっとも，ここでの議論はわが国の航空，鉄道のネットワークや地形を無視した抽象的な議論である。また，わが国の有料道路の建設についてももはや必要でないということでもない。事実，わが国の保有台数1万台当たりの高速道路の延長を見ると，2009年で，アメリカ6.3 km，カナダ13.5 km，フランス4.5 km，ドイツ1.7 km，イタリア2.5 km，イギリス1.5 kmに対して，日本は0.9 kmと低い水準となっているのである[10]。

　なお，現在，わが国では原則無料としながらも交通量の多い区間では有料制を残そうとする議論もある。そうであれば，有料制の性格が異なることになる。つまり償還主義の原則から混雑料金への転換であるとも考えられ，低料金の永久有料道路論とも異なる議論の展開がありうる[11]。

注
1) 藤井弥太郎「高速道路の料金政策」高橋秀雄編『公共交通政策の転換』日本評論社，1987年，145-159頁。藤井弥太郎「後半期の高速道路の整備と経営」『高速道路と自動車』高速道路調査会，第41巻，4月号，1998年，7-10頁参照。
2) 藤井弥太郎「高速道路の料金 —— プール制と画一料率」『道路交通経済』経済調査

会出版部, No.4, 1978年7月号, 22-30頁参照。
3) 藤井弥太郎「高速道路の料金政策」高橋秀雄編『公共交通政策の転換』前掲, 157頁。
4) 山内弘隆「交通経済」『経済セミナー』日本評論社, 1994年6月号, 21-25頁。
5) 『日本経済新聞』2001年4月22日付け
6) 『日本経済新聞』2001年11月23日付け。
7) 藤井弥太郎「後半期の高速道路の整備と経営」『高速道路と自動車』前掲, 7-10頁。
8) 武田文夫「歴史から見た今日における高速道の諸問題」『運輸と経済』運輸調査局, 第68巻, 第3号, 2008年3月, 39頁。
9) Jan Owen Jansson (1993) "Government and Transport Infrastructure-Investment", In Jacob Polak, Arnold Heertje (eds.), *European Transport Economics*, Blackwell, pp.224-229.

　交通手段間の投資便益を図で説明することは厳密には困難があるとの議論があるが, ここでは入門経済学が理解できる人を前提としており, ヤンソンの説明を利用する。
10) 藤井聡『公共事業が日本を救う』文春新書, 2010年, 26頁の図6を参照。
11) 藤井弥太郎「原則無料の中の高速料金」『運輸と経済』運輸調査局, 第69巻, 第11号, 2009年11月, 102頁。

第3章　交通と環境

1. はじめに

　公害というと，かつては工場からの排出物である SO_2 であったが，これは，昭和45年頃から大幅な削減に成功し，現在では運輸部門の CO_2, NOx, SPM（浮遊粒子状物質）の問題が大きくなっている。さらに，CO_2 は地球温暖化の大きな要因であるとされており，自動車がアジアを中心として世界中に普及しつつある現在，環境・エネルギー問題はますます深刻になるであろう。

　ちなみに，自動車問題に詳しい舘内端氏によってエネルギー問題に関する1つのデータを紹介すると，平成5年の日本の総エネルギーに対する石油依存度は約56％であるのに対して，ドイツは約40％，イギリスは約38％，アメリカは約38％であり，イギリスやアメリカの石油依存度は日本より低くなっている。しかし，舘内氏によると，アメリカにおいて脱石油が最も遅れているのが，自動車交通分野であり，ここで輸入石油のあるいは自国産石油のほとんどを使っているとされる[1]。しかも，舘内氏は，「日本の中東石油依存度は約76％である。これに対してアメリカは約25％，自動車大国のドイツは約18％，イギリスは27％である。アメリカや欧州諸国では自動車は石油で走れたとして，日本でも可能かというと，かなりあやしいといわざるを得ない」としている[2]。

2. 地球温暖化と排出権取引

　地球温暖化に関連しては，1997（平成9）年12月，京都で第3回気候変動

枠組条約締約国会議（COP3，いわゆる京都会議）が開催され，1998（平成10）年5月11日，先進国は2008年から2012年までの5年間（1次）に温暖化ガスの平均排出量を1990年の排出量の少なくとも5％削減，そして，日本，アメリカ，ヨーロッパにそれぞれ6％，7％，8％削減することを義務づけた。わが国では2002（平成14）年6月に議定書を批准したが，各国が約束した排出目標量をいかなる国内政策手段で達成するかはそれぞれの国の自主的判断に委ねられている。ヨーロッパの一部の国は対策としてすでに炭素税を導入している。

　また，京都議定書では先進国と途上国との間での排出権取引の制度化を明記している。排出権取引は，もともとアメリカで導入されているものである。すなわち，アメリカでは，1990年11月に大気浄化法が改正され，酸性雨の主因とされる亜硫酸ガスの石油火力発電所からの許容総排出量を，発電所ごとに排出権（排出枠）として割り当て，その売買が認められた。割り当てられた排出権以上に亜硫酸ガスの排出を削減して排出権に余剰の出た発電所とそこまで削減できず排出権の不足する発電所との間で，排出権を売買しようとするものである。排出権の価格よりも低い費用で亜硫酸ガスを削減できた企業は排出権を売ってその費用の一部を回収できるし，それが不可能な企業は排出権を買うことになる。

　このような排出量の取引を行うメリットは，汚染権の市場を作ることによって，価格メカニズムを活用し，当事者間の交渉の取引費用を回避できること，また，ピグー的課税のように，政府は，市場需要曲線や市場供給曲線，限界外部費用曲線などを知る必要もないというところにある[3]。

　しかし，2001年3月，CO_2の排出量の多いアメリカは京都議定書に不参加の態度をとった。こうしたアメリカの姿勢の背景の1つには途上国との排出権取引に関して利害対立があるからであるとされている。そのため，排出権取引の規制強化等が盛り込まれたが，2004年にアメリカ抜きでロシア連邦が批准することで2005年2月に京都議定書はようやく発効することになった。議定書の発効によって日本は，2008（平成20）年〜2012（平成24）年に90（平成2）年比で6％の排出削減を義務づけられた。わが国は京都議定書の発効にむけて，議定書批准に必要な取り組みをまとめた政府の地球温暖

化対策の基本方針が2001（平成13）年1月19日に明らかにされたが，各対策の費用対効果の評価と対策推進のための措置を欠くとの厳しい指摘があった[4]。

その後，2009年の急激な経済危機を受けアメリカ政府は環境対策を経済成長の重要な柱として位置づけており，今後の動向が注目される。わが国については，民主党新政権は2010（平成22）年2月に2020（平成32）年までに国内の温暖化ガス排出量を平成2年比で25％減らすという目標を掲げ，それに向けた工程表を発表した。自動車分野では新車販売に占めるハイブリッド車の比率は60％から85％とならなければならないとしている。しかし，2011（平成23）年3月11日の東日本大震災の発生と，東京電力福島第1原子力発電所の事故の問題もあってハードルは高い。

そのため，ポスト京都議定書をめざした2012年のCOP17では，2013年以降も現行の京都議定書を延長することになったが，わが国はカナダ，ロシアととも延長に参加しないことにした。一方，20年発効で合意した次期枠組みは中国，アメリカも参加することになったが，具体的中身は未定である[5]。

以下ではこれまでのわが国の交通分野の環境対策について検討する。

3. 自動車の環境対策

3.1　CO_2とNOx

最近はハイブリッド自動車，電気自動車等の普及が徐々に進んできているのであるが，かつて運輸省（現．国土交通省）は京都議定書を重視しCO_2削減のための政策を提示したのに対して，環境庁はNOx削減が先であると主張したことがある。

まず，運輸政策審議会の総合部会（部会長・杉山武彦一橋大学教授）は平成11年5月20日，自動車の燃費に応じて税額に差を設ける税制の「グリーン化」実施を求める答申書をまとめた。税制による誘導で燃費の良い車を普及させることが狙いである。答申は平成9年の温暖化防止京都会議で決まった日本

のCO_2排出削減目標を達成するには自動車部門のCO_2の抑制が有効と主張し，燃費基準の強化などメーカー側に車の性能向上を求めるだけでなく，自動車を買う消費者側への働きかけを強化する必要があるとした．

具体的には燃費の良い自動車の税金を引き下げ，逆に燃費の悪い車の自動車の税金を引き上げることで，自動車のCO_2排出量の減少を促す税制のグリーン化を提案した．排気量や重量など現在の自動車税制の課税尺度に新たに燃費を加える考え方である[6]．

これに対して環境庁は，排出ガスによる大気汚染が一刻を争う問題として，NOx量を基準に自動車税などに差をつける排出ガス版グリーン税制を提案した．この背景には平成12年度末までに東京や大阪等の特定地域で自動車排出ガスの窒素酸化物を30％削減しようという環境庁の総量削減計画が実現困難になっていることがあった．要因としては，東京・大阪等大都市圏の自動車保有台数が20％以上増えた上に，トラック，ディーゼル車等の大型化が進んだこと，特定地域内の走行量が約10％増えたこと，約30万台と見込んだ電気自動車，ハイブリッド自動車等の低公害車の普及が1万台程度に留まっていることなどであった[7]．

そして，平成13年3月，大都市圏の自動車排出ガス対策のための自動車窒素酸化物法の改正案が閣議決定され，同年6月に成立した．平成14年6月現在，新規制が一部導入されている．これによってこれまで野放しだったスス状の粒子状物質（PM）を規制対象に加えるほか，ディーゼル乗用車が規制対象区域で使用できなくなった．規制値は，トラックやバスの場合には当時の新型車向け規制値に近い水準に設定，ディーゼル乗用車については当時のガソリン車なみの厳しい規制値を採用し，ガソリン車への代替を促す．国の規制が大都市圏で購入・所有する車が対象なのに対して，東京都は平成15年10月から未対策ディーゼル車の都内乗り入れを禁止している．しかし，こうした方式であると規制の緩やかな地方都市で環境資源の破壊が進展しうる．例えば瀬戸内海沿岸の森林衰退に，ディーゼル車などの排出ガスが影響している可能性の高いことが明らかになっている．大気中の窒素酸化物が日光に当たって光化学反応を起こし毒性のヒドロキシルラジカルが生成され，朝露などで葉に付着し光合成能力を半減させ，気孔を開きにくくさせること

が分かってきたのである[8]。

3.2 ディーゼル・エンジンと市場メカニズム

平成12年8月,石原慎太郎東京都知事はディーゼル車NO作戦を宣言したが,他方,ヨーロッパではディーゼル・エンジンの利用を必ずしも否定していない。事実,乗用車市場(新車)の40%はディーゼル車である。その理由は,①軽油がガソリンに比べて割安であること,②そもそも環境に優しいからであるとされる。燃費はよく,地球温暖化に影響を与えるCO_2も排出量がガソリン車より30%から50%も少ないとされる。

これに対して,日本では乗用車の新車生産台数に占めるディーゼル車の比率はわずか6%にすぎない。日本とヨーロッパを取り巻く状況がこれほどまでに違う原因は,規制の方向性,燃料の質,交通政策という3つの問題があったとされる。

① PMとNOxを同時に削減するのは技術的に困難とされ,日本は,NOxの規制を強めた分,PMには甘い選択を選んだ。ヨーロッパは,90年代にPMの規制を強化している。PMが人体に悪影響を与えることが明らかになったからである。日本では関係方面への配慮からNOx重視にこだわり続けた。

② 軽油の質の問題。最も問題なのは軽油に含まれる硫黄分である。硫黄自体が大気汚染の原因であるだけでなく,触媒の働きやエンジンの耐久性を弱める。規制は強化されてきてはいるが,燃料費を抑えるために税金のかからない重油を軽油に混ぜて走行する不正行為が後を絶たない。そのため黒煙が出る。結果として軽油引取税(32.1円/ℓ)の脱税等が発生した。硫黄の少ないヨーロッパの軽油(北海産)に比べて日本の軽油(中東産)は硫黄が多く,その分コストが高くなる。

③ 交通政策
都市では道路網の整備不足と渋滞問題がある。特に環状道路の整備が遅れている[9]。

しかし,②,③を別にして,自動車評論家である三本和彦氏は,「日本ではディーゼル・エンジンは黒煙を出しながら走るものだというイメージがあ

る。しかし諸外国のディーゼル車は，よほど加速でもしないかぎり，黒煙を吐き出しながら走ることはない。なぜ日本のディーゼル車は煙を出すかといえば，エンジン設計が未熟であること，勝手に噴射ポンプに手を加え，少しでも加速感を得ようとして，燃料をより多量に送り込むようにしているためだ。……もしもドイツで日本のように黒煙を出しながら走っていれば，必ずパトカーに追いかけられ運行停止になる」[10]としている。

三本氏の主張が正しいとすれば，わが国はPMにせよNOxにせよ良質なディーゼル・エンジンの改良・普及に後れをとったといえるであろう。しかし環境問題が重視されるようになり，平成14年に入ると，ヨーロッパでの販売にも耐えうるディーゼル・エンジンの開発，硫黄抜きの軽油の販売が行われるようになってきた。こうしてみると，グローバルな競争に打ち勝つためにも技術革新が重要である。そして，そのためには一般的には価格メカニズムを活用するのが好ましい。また，電気自動車などは構造が比較的簡単であることからベンチャービジネスの参入を促すような政策が好ましい。

以下では汚染者負担原理と市場メカニズムの重要性について検討する。

4. 環境問題における汚染者負担原理および規制と価格メカニズム

4.1 汚染者負担原理

外部性を低下させる方法はいろいろあるが，ここでは経済学的観点から検討する。一般的には汚染の費用は汚染者が負担するのが原則（汚染者負担原理（polluter pays principle：PPP）であり，当局が汚染物質を排出する者に対して料金または税金を課すというのが一般的な考え方である。そこで，以下は交通経済学者バットンによる説明であるが，説明を容易にするため，筆者によって図5 (a), (b) があらかじめ付け加えられている。まず，図5 (a) において，限界私的便益（marginal private benefit：MPB）はトラック業者が財1単位を輸送するときの私的便益の増分である。限界私的費用（marginal private cost：MPC）は財1単位を輸送するときの私的費用の増分である。交通の外部費用（例えば，居住地域の道路上のトラックの騒音）が内部化され

第3章　交通と環境

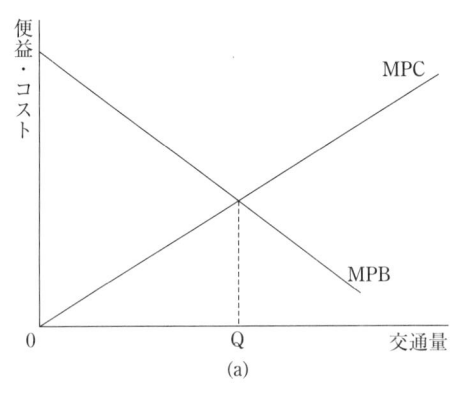

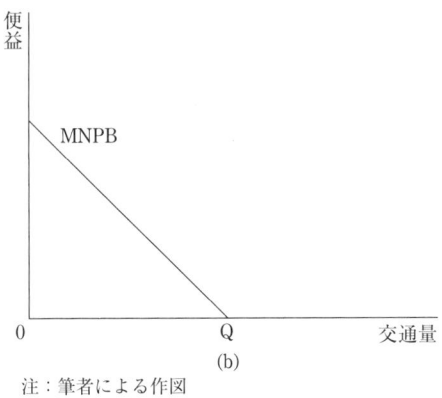

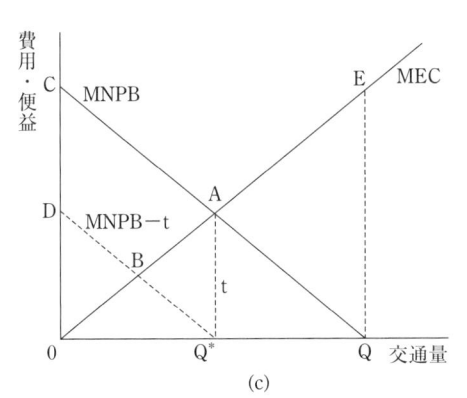

(a)

(b)

注：筆者による作図

(c)

出所：Kenneth J. Button（1993）*Transport Economics*, 2nd edtion, Edward Elgar p.150.
　　　ただし，筆者によって一部修正。

図5　課税による方法

ない場合，交通量のレベルは，MPBとMPCが交差する交通量Qとなる。その場合，図5(a)の中には示されていないが，MPBとMPCの差を限界純私的便益（marginal net private benefit：MNPB）という。交通による排ガスの排出量と交通量がパラレルであるとすると，交通量が増えるにつれて私的便益の増分は減少し，MNPBは低下していく。そのため，MNPBは右下がりとなり，交通量がQのときにゼロとなる。すなわち，MNBPは図5(b)に示されているものである。

ところが，図5(c)において，Q（純私的便益が最大になるところ，言い換えるとMNPBがゼロ）は，明らかに社会的に最適な交通レベルQ^*（MNPBが騒音の限界環境費用（MEC）と等しくなる点）を上回る。交通量を最適水準まで下げるためには，1交通当たりtの税金を課すことが必要となる。このことによって，トラック業者は社会的費用を意識するようになり，MNPB－tを意思決定のパラメーターにするようになる。

そのような課税は，一般的ではないが，交通における一例として有鉛ガソリンに高い税金を課す場合である。基本的な概念は難しくないが，いろいろ問題にされてきた。このうち最も重要なことは主要な受益者は課税する当局であるという事実である。この例では課税によってトラック業者は損失を被る。居住者は騒音の一定の減少による便益を得るが，騒音が完全になくなるわけではない。すなわち，当局はCDQ^*Aの収入を得るが，トラック業者は課税に相当する部分とQ^*Q分の道路利用から享受していたMNPBの損失分，すなわち，Q^*AQを失う。住民の観点からすると，税金は通行量をQ^*まで下げるので住民は$QEAQ^*$の便益を得る。しかし，彼らはOAQ^*に相当する騒音を被る。

ここで2つの重要な問題がある。第1に，最適な汚染料金，騒音料金を課すためにはMECの測定問題がある。第2に収入（$t \times OQ^*$）は，直接被害を受ける住民に入るのではなく，政府のものとなる。それは補償のために利用されるかもしれないが，純粋にパレート改善にならない。

さらに，PPPが正しく適用できるかという問題もある。われわれは暗黙のうちに道路の利用者はこの地域で騒音を出す権利を購入すべきであるという前提をおいていた。しかし，住民は平穏のための権利を購入すべきである

ということになる。そうであれば，騒音を減らすために t という補助金を交付する必要がある。これは財産に対する倫理的，法的な問題である。

このように MEC はよくわからないのであるが，それにもかかわらず，規制よりも料金による方法が好ましいとされる。

そこで，このことをトラックと鉄道を前提にして検討する。図6は各モードの使用に対する限界純私的便益に関連したものである。当局はこの曲線を知らないが，放置しておくよりも何かをするのが好ましいと考えているとする。そして，騒音を 15 %低下させたいと考え，そのために料金を課すものとする。その際，鉄道とトラックに対して同一水準の料金を課すのがセカンド・ベストな政策であるとされる。

図6は，道路（A），鉄道（B）の騒音に関する限界削減費用（marginal abatement cost：MAC）を示している。この曲線は当局には知られていないが，各モードについて騒音をそれぞれ 15 %減少させると騒音レベルはそれぞれ A, B となる。目標は達成されたが，そのときの2つのモードで MAC は異なっている。すなわち，道路の MAC が鉄道の MAC より高くなっている。すなわち，$MAC_a > MAC_b$ である。しかし，鉄道のほうが騒音を削減するための単位当たり費用は低いので，鉄道の騒音をもっと低下させることが費用効果的であるということになる。そのためにはトラックと鉄道にデシベル当たり P の料金を課すのが好ましい。その結果，騒音のレベルは鉄道では $B^\dagger$，道路では $A^\dagger$ となる。

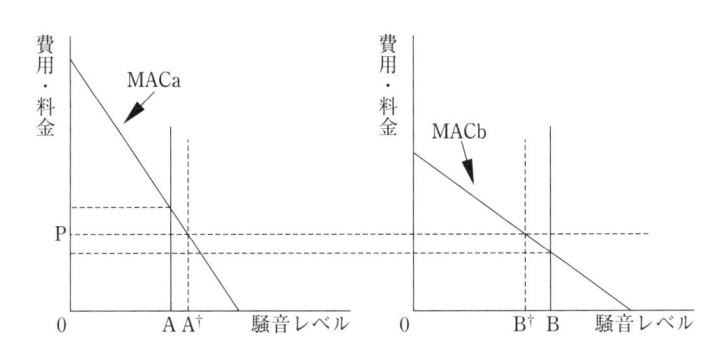

出所：Kenneth J. Button（2010）*Transport Economics*, 3rd edition, Edward Elgar, p.259.
図6　不確実性が存在する場合の課税方法の利点

4.2 排出基準

前掲の図5は外部費用がtという環境税を課すことによって交通量が最適化されうることを示していた。しかし，それは，価格メカニズムではなく，規制値を設定することによっても望ましい OQ* を達成することができる。例えば，航空機によって出される騒音の地域規制を行う方法である。製造レベルでのトラックに対する騒音基準，事故のリスクを減らすための速度制限（燃費効率の向上にも役立つ），シートベルトの強制（事故の費用を減らすため），定期的な車両の点検（最低限の安全と環境基準に関連），有鉛ガソリンの排除等，これらはすべて輸送の限界環境費用（MEC）を減少させるためのものである。

しかし，限界環境費用（MEC）曲線の正確な情報が少ない場合，規制値の採用は効率的でない。すなわち，もう一度，先の図6をみると，トラックと鉄道の騒音をそれぞれ15％削減させると騒音レベルはそれぞれ，0A，0Bとなる。その場合，MACa ＞ MACb であり，社会的厚生を増大させるためには道路輸送の排出基準を緩やかにし，鉄道の排出基準を厳しくするほうが好ましい。しかし，MAC についての完全な情報はわからないのであり，排出基準についての最適な差別化は不可能である。このように不完全な状態では，排出基準の採用より価格メカニズムを利用するほうが好ましい。この例

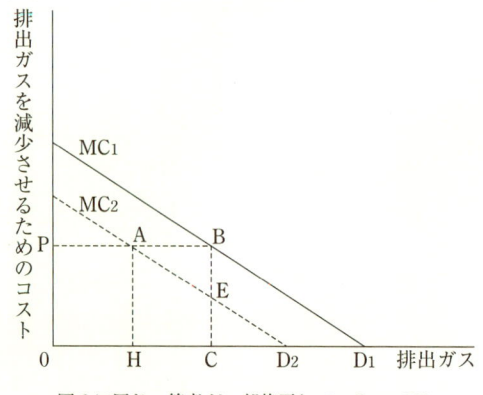

図6に同じ，筆者が一部修正している。p.264.
図7　汚染料金，排出基準と技術的変化

では同一水準の料金が好ましいというものであった。しかし，こうした方式も実際には困難であるとすると，メーカーに対して課税することがありうる。またそうした課税方式は排出基準よりも技術革新を促す側面がある。以下ではそのことについて検討する。

図7は，もともとは運輸事業者を前提としたものであるが，ここでは自動車メーカーを前提としてガソリン自動車などの旧技術（MC_1）とハイブリッド自動車などの新技術（MC_2）のもとでの排出ガスを低下させるための限界費用を示したものであるとする（図の見方は横軸に関して左方向から右方向にみる）。新技術を採用した MC_2 は旧技術のもとでの MC_1 より内側にある。というのは新技術のもとでのエンジンの改良費用は安くつくからである。当局は排出ガスの最適水準を決定するものとし，旧技術のものでは０Ｐの税金または０Ｃの基準を実施するものとする。料金政策が実施されると，自動車メーカーは排出ガスを０Ｃまで抑えようとする。そしてそのためのエンジンの改良費用は CBD_1 である。しかし，排出ガスはゼロになるわけではないので０PBCの税金を支払うことになる。総費用は０PBD_1（＝CBD_1＋０PBC）である。排出基準を採用すると，企業は税金を支払わないが，規制に従うために CBD_1 の費用がかかる。しかし，新技術のもとで税金は以前と同じ０Ｐとすると，新技術のもとでの達成すべき排出ガスのレベルは０Ｈである。そこで，課税政策が採られた場合は，排出ガスのレベルを０Ｃから０Ｈにするための費用は，新しい技術のもとでの改良費用 HAD_2 と料金の０PAHであり，総費用は０PAD_2 である。旧限界費用曲線と新限界費用曲線における費用差は０PBD_1－０PAD_2＝ABD_1D_2 である。これに対して規制を採用した場合に達成すべき排出ガスレベルは料金水準が以前と同じ０Ｐであるので０Ｃであるとすると，そのもとでの費用差を求めると，CBD_1－CED_2＝BED_2D_1 である。価格メカニズムを採用した場合と規制による場合の費用の差を比較すると，ABD_1D_2－EBD_1D_1＝ABE であり，ABD_1D_2＞EBD_1D_1 である。すなわち，課税方式のほうが技術革新へのインセンティヴが大きいといえるのである[11]。

もっとも，緊急を要するとき価格メカニズムによる技術革新のみに過大な期待をよせることは，時には問題となる。その意味において政府の強力な規制も必要となることもある。あるいは，一方で排出ガス規制を厳しくし，他

方で硫黄の少ない軽油抽出技術，性能の良いディーゼル・エンジンの開発あるいは燃料電池（水素と酸素で電気を作り，モーターを駆動させる。排出物は水だけである）のための補助といった誘導政策を同時に行うことも考えられる。実際，平成13年12月，国土交通省はディーゼル車の排出ガス対策として，排出ガス浄化装置（DPF）と酸化触媒の導入に補助制度を設けることにした。東京都がトラック業者などに対し，DPFなどの導入に補助制度を設けているが，同省はこうした自治体に対し，補助額の半額を支給する。交付対象は自動車NOx法で車種規制を行うよう定められた特定地域内の自治体で，東京都のほか，埼玉，大阪など5府県と千葉市，神戸市など5政令市である。こうして，競争環境が変化する中でようやくヨーロッパの環境基準にも耐えうるディーゼル・エンジンの開発，硫黄抜きの軽油の販売などが行われるようになってきた（さらに，平成20年の急激な景気後退に伴って景気回復と環境問題解決のためにエコカーに対する時限立法措置として減税が行われた）。

　ちなみにわが国の燃費規制は平成11年に導入されているが，平成18年に規制内容を変更している。それによると，京都議定書が発効した平成16年度に比較して平成27年までに燃費を20～25％改善すべきというものである。ガソリン車については1リットル当たり15kmから18km程度に向上させる必要がある。基準に達していない場合には勧告や車種の公表，場合によっては罰金もありうるものとなっている。しかし，ヨーロッパでは平成18年にはすでに1リットル当たり17km程度に達していたのである。既に述べたようにヨーロッパでは自動車利用者が外部費用を負担するのは当然と考えられており，例えばイギリスでは自動車利用者に対してCO_2排出量に応じて課税がなされている[12]。

　今後は電気自動車の開発が急がれるところであるが，わが国ではその開発は巨大自動車産業に依存しているところが大きい。しかし，電気自動車の特徴は構造が単純であることである。これまでの自動車は約3万点の部品からなるが，電気自動車の部品はその3分の1である。したがって電気自動車の開発は巨大な自動車産業に依存しなくてもベンチャービジネスによる開発が可能な分野であり，この分野におけるいわゆる「スモール・ハンドレッド」

と呼ばれるベンチャービジネスに対する政府の支援策が重要となってくる。そのことによって新規参入企業が増大し，より競争が促進されることになる。アメリカはすでにそうした政策を採っている[13]。

なお，アメリカではベンチャービジネスに対する支援を行い，技術革新を促しているのであるが，そのようなアメリカが京都議定書を批准してこなかったことについて，既に述べた途上国等との利害対立以外に部分的効率性を重視する新古典派経済学の思想が浸透しているからであるとする説もある[14]。そうであれば環境問題は経済政策のみでは限界があり，わが国の国際的な政治的交渉力も重要となってくる。

4.3 道路財源の見直し論

ところで，道路特定財源は平成19年に廃止された。これは，もともと小泉政権下の政府税制調査会（首相の諮問機関）が，平成13年6月19日に総会を開き，ガソリン購入時にかかる揮発油税などの使い道を道路整備に限定した道路特定財源の見直しなどについて議論したことにはじまる[15]。そして，平成21年の政権交代直前に特定財源の廃止が決定された。

そこで以下ではこれまでの道路財源の問題点を検討する。

(1) 道路整備と自動車関係税

(1a) 一般財源と特定財源

従来，道路投資の財源は自動車重量税について実質的に特定財源の部分をカウントすると特定財源57％，一般財源43％となっており，特定財源・一般財源の双方を含めて自動車関係税収入は道路投資額の約90％に相当していた。

この費用負担はまず道路の種別にしたがって考える必要がある。交通機能を主とする国道などの幹線道路と，アクセスを受け持ち空間機能も重視される地方道では，利用者が負担すべき部分と地域社会が負担すべき部分がおのずから相違するからである。幹線道路の整備については国費が，地方道路については地方費が支出の主体となるが，例えば第10次道路整備5カ年計画（昭和63年〜平成4年度）では，国費の財源は，特定財源が6割，一般財源が4割，

重量税を考慮すると支出の約4分の3であった。地方費については特定財源が4割，一般財源が6割となっていた。利用者負担と一般財源負担のこれらの比率が適切なものかどうかは一概にはいえないが，ほぼ妥当であると思われる。特定財源に対して一般財源には自動車税，軽自動車税がある。これらは地方の一般財源である。自動車重量税と同じように，①自家用と営業用との格差，②乗用車と貨物車とで格差がある。以下では特定財源問題を扱う。

(1 b) 特定財源

まず，特定財源制度は，昭和28年に田中角栄氏らの提案による議員立法で「道路特定財源等に関する臨時措置法」が制定された。その内容は，道路整備5カ年計画を策定し，それに基づいて道路整備を行うというものであった。税率については，第1次石油ショック後の昭和49年以降，本則税率に代えて，基本的には道路整備5カ年計画に合わせて暫定税率が定められた。従来，約6兆円の特定財源を構成する税目は，国の特定財源として揮発油税，石油ガス税，自動車重量税の3税，地方の特定財源として軽油引取税，自動車取得税，地方道路譲与税，石油ガス譲与税，自動車重量譲与税の5税であった。譲与税の3税は，税としては国税であるが税収は地方公共団体に譲与され，そこでの道路整備の財源となる。これらの税は，自動車重量税以外は全額が，国または地方の道路整備に充てられてきた。また，自動車重量税は，4分の1が地方の道路特定財源とされ，残りの2割が国の財源となる。国に充てられる分については，その8割が道路特定財源とされ，残りの2割は一般財源となっている。しかし，上記のようにこの特定財源制度は平成19年に廃止されたのである。

(ア) 自動車重量税

自動車重量税は，車検の際に自動車の重量に応じ個人や会社が納める税金で，国の道路特定財源ではガソリン購入時にかかる揮発油税についで2番目に税収が多いもので，平成20年度では7,200億円となっている。収入のうち国費分である4分の3は，形式上は国の一般財源であるが，制度創設の経緯から，国に回る収入の80％を道路投資に充てることが慣行になっていた。自動車重量税は，道路整備にかかわる費用が車両重量と密接に関係するとの原因者負担の概念に基づくものである。このことからすると，自動車重量税

には2つの問題が存在していた。すなわち，①自家用と営業用との格差，②乗用車と貨物車とで格差があることである。道路費用の負担という観点からの自家用・営業の区別は必要ない。なお，民主党政権下で，平成22年度から自動車重量税は国費の半分程度を減税することになった。

(イ) 自動車取得税

これは従来地方税の特定財源であった。従価税であり，道路費用に関する原因者負担ではなく，支払い能力負担によっている。軽自動車を除き，自家用と営業用の格差がある（車体価格に対して自家用5％，営業用3％と営業用が安くなっている）。

(ウ) 燃料税

ディーゼル車に対する課税である軽油引取税は，地方のみの特定財源であって，国が整備主体となる国道などの幹線道路の整備とは直接的には結びついていない。その意味においてはこれまでの道路課税体系の不整合性が端的にあらわれている。税負担の大きさも燃料種別の間で不整合がある。1リットル当たりの税額はガソリン53.8円に対して，軽油32.1円である。道路利用の走行1km当たり燃料税はディーゼル車については軽課である。また，LPGについても一般にガソリンに比べて軽課である。

上記のように，特定財源について個別に見ると問題がないわけではない。また，プラグイン電気自動車等が普及してくると，将来的にはその内容について大幅な見直しが必要となろう。しかし，特定財源そのものの評価について議論が分かれていた。以下は，道路特定財源に関する賛成論と反対論を紹介したものである。

(1c) 特定財源問題

まず，特定財源見直し論として著名な経済学者である加藤寛氏は，一般に財政は国庫統一の原則として，全ての歳入を一般会計の歳入とし，国民にとって優先度の高い順にこれを割り当てていくことが望ましいとする見解を基礎として，ガソリン税を目的税と見なし，ガソリン税と道路投資の関係について以下のように主張した。すなわち「道路整備財源としてのガソリン税は，日本に道路整備が遅れているときにはその財源を確保することに非常な有効手段であったことは間違いないであろう。ともかく絶対に不足する道路を建

設することは喫緊の課題であり，そのための財源を確保することは極めて重要であった。しかしながら，巨額の投資が行われてくれば道路整備の緊急性は徐々に低下してくるわけであり，ある整備水準を上回ると，原理的にバラマキになることを避けられない」[16]と特定財源制度に批判的であった。

もっとも，同氏は「道路が全く建設されなくてもいいとは誰もいっていない。中央官庁の指導のもとに勝手に造って欲しくないといっているのである。そこで道路財源は削減すべきだが目的税としての道路財源は法改正が必要になるから，ここは今棚上げしておいてもいい。それに上乗せされている暫定税率や重量税は見直してもいいではないか。本来，重量税は一般税であったのに道路族の激しい突き上げで，当時の福田赳夫蔵相は反対したにもかかわらず，ついに目的税に導入されてしまった。これは明らかに道路財源を拡張しようとする予算拡大運動の1つなのだから，この一兆円未満の重量税だけでも一般税に戻してもいいはずではないか。これすらも，道路財源抑圧の一歩だと反対するのは，明らかに道路利益族の発想としかいいようがない」[17]とされた。自動車重量税を含む自動車関連税については問題がないわけではないが，既に述べたように道路不足が解消しているわけではないように思われる。

次に交通経済学者である岡野行秀氏は，ガソリン税等について「○○税と名前がつけられていても利用者料金（user-charges）あるいは租税価格（tax-price）である」[18]とされる。そして，道路特定財源制度の長所は，「(1) 道路整備に必要な財源を安定的に確保できること，(2) 受益者負担—厳密には利用者負担—を原則とし，費用を負担しないでサービスだけを消費する「ただ乗り」を許さないこと，(3) 租税価格を道路の需要の強さのシグナルにして道路整備についての資源配分を決定できるので，社会的な資源配分をゆがめず，かつ公平な費用負担—税体系—を実現できることの3つである」[19]とし，道路特定財源制度を支持されている。

このように，ガソリン税等を目的税として見なし，その見直しをするのか，あるいは，道路利用者料金として見るのかといった見解の相違が見られる。

これに対して，同じく経済学者である久米良昭氏は以下のようにユニークな議論を展開している。すなわち，高速道路のように出入制限を受けて利用

者から直接に料金を徴収することのできない一般道路の供給費用を賄う方法には，2つある。第1は，国家防衛などのように政府が一般税収から費用を賄い，利用者には無料でサービスを供給する方法である。第2は，その財の消費に関して密接な補完財がある時，その補完財の消費から料金を徴収する方法である。道路走行というサービスの消費に関しては，必ずガソリン等の諸費を伴う。この意味で，ガソリン等は，道路走行サービスの極めて密接な補完財である。ガソリン等の消費に関して課税し，その収入から道路サービスの供給費用を賄う道路特定財源制度は，道路利用者からの直接料金徴収をかなりの程度適切に近似する疑似的な料金制度である。高速道路や他の都市インフラと同様な料金システムであるといえる。

　都市インフラの供給に際して，このような疑似的料金徴収が可能であれば，そのような方法が好ましい。というのは，①消費者が財の消費に対して支払う価格は，消費者が認める価値である。政府が決定した価格以上の価値を認めて道路を利用する消費者が多数存在するのであれば，それはより多くの道路を供給せよという意思表示である。ガソリン税等による道路特定財源制度は，一般財源から費用を賄い無料で財を供給する純粋公共財方式に比較して，サービス供給の適性水準をより明確に示すことができる。②財を消費するものからも，しないものからも，一律に税金として費用を徴収すると，消費者と非消費者との間で不公平が生じるからである。

　それだけでなく，情報化時代に入り，ETCなどの技術が一般道路でも利用可能となりつつあり，一般道路から直接的に料金徴収することも不可能ではなくなりつつある。そして，混雑のある都市部では，ガソリン税等と渋滞に応じた混雑料金とを徴収すべきで，ガソリン税等は道路の維持・管理に必要な費用と環境問題を考慮した炭素税相当分にすることが適切である。

　もちろん，道路事業も含めて，公共事業一般についてより厳格な費用便益分析を実施し，必要性が低い事業を削減することは当然である[20]。

　要約した上記の内容が，久米氏の議論であるが，この議論は岡野氏の議論に近いものであり，筆者も資源配分の観点から特定財源制度は維持すべきであったと考える。そして，もし，道路整備がある程度達成できたのであれば，まず，暫定税率が適用されている揮発油税等の減税を実施すべきである。そ

の一方で，平成 21 年に財源難から暫定税率を形式的に廃止するが，同率の特別税率を環境税導入までの間，本則税率に上乗せ課税することが決定された。筆者としては有料道路無料化論も含めて政策の一貫性を期待するものである。なお，環境税については，総務省が自動車税と自動車重量税を一本化した環境自動車税の創設を提案している。

5. 環境税と公共交通への補助

炭素税・環境自動車税等は経済学的に好ましくても，政治的反対に遭いやすいのも事実である。そこで，以下ではバットンによって炭素税・環境自動車税が導入できない場合の「セカンド・ベスト」の政策としてクリーンな公共交通への補助政策について検討してみる。

図 8 において自家用自動車と LRT（ライトレール・トランジット）に対する集計需要は完全に非弾力的であるとする。モード X は自動車で，その外部費用は $MPC_X - MSC_X$ で示される。モード Y は LRT で，外部費用は存在せず，したがって，$MSC_Y = MPC_Y$ であり，かつ，運賃は一定とする。

放置すると自家用自動車の交通量は OQ_1，LRT の交通量は Q_1Q_D である（自家用自動車の交通量は右から，公共交通の交通量は左からスタートする）。

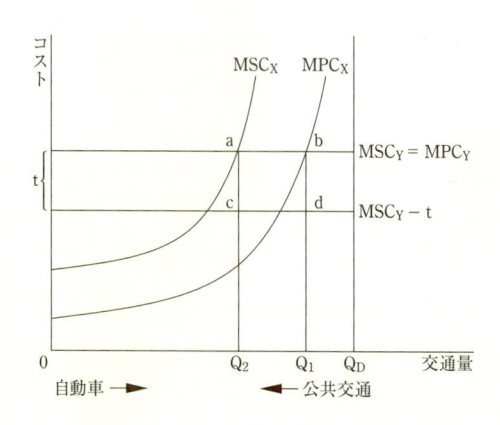

出所：図 6 に同じ，筆者が記号を修正している。p.266.

図 8　集計需要が一定の場合の最適補助

しかし，これに対して最適交通量は図から自動車であれば$0Q_2$，LRTはQ_2Q_Dである。この最適交通量を実現させるための方法としては，汚染料金として自動車にtの課税か，LRTにtの補助金を出し，運賃をMSC_Y-tにすることである。

そこで後者について検討してみる。まず，運賃が下がることで自動車からLRTへ転換する人が出てくる。それはQ_2Q_1である。しかし，転換した人々を輸送するためのLRTの費用増分はQ_2abQ_1である。これに対して転換した人々が運賃として支払った部分はQ_2cdQ_1である。費用増分と支払った運賃の差の差はabcdとなる。これはいわばLRTに転換した人々が得た利得である。他方，自動車を利用する人々がLRTに転換することで得られた費用の節約分がある。それは自動車を利用していたときの費用（Q_2cbQ_1）から支払った運賃部分（Q_2cdQ_1）を差し引いたものであり，それはcdbである。これを先のabcdと比較すると，abcd＞cdbとなる。このことは補助のわりには自動車からLRTに転換した人々の費用節約分は小さいということになる。したがって単なる補助とそのことによる運賃低下は効率的に好ましくない。すなわち，自動車への課税が本筋である。

なお，実際の集計需要は完全に非弾力的ではないが，そのときの最適補助が著しく大きくなり，交差弾力性が小さいと運賃はネガティヴになるとされている[21]。

このように，環境対策としてクリーンな公共交通に補助金を出すよりも，やはり自動車への課税が本筋である。その限りにおいては炭素税や環境自動車税は好ましい。そのため日本でもガソリン1リットル当たり1円程度の炭素税導入が提案されたことがある。しかし，この程度では自動車抑制にはつながらない。事実，人々が自動車の使用を控えるといった現象は平成20年の原油価格が上昇しガソリン価格が1リットル当たり140〜150円に高騰した時なのである。したがって炭素税あるいは環境自動車税等の導入は政策的には容易ではない。むしろ技術革新を促進するために，低燃費自動車への購入補助金などが政策的には現実的である。ただ，交通量の増大に対しては並行して混雑税などの交通需要管理政策が必要となる。しかし，混雑税についても合意形成が困難で，交通経済学者の山根敏則氏は混雑税収入で不利益を

被る人を救済するようなパッケージ政策を導入すべきであるとしている[22]。事実,既に述べたようにイギリスでは割引料金や料金免除車両が存在する。こうしたことは以下に述べるバットンの議論からしても,もっともなことなのであるが,交通における環境問題の解決は容易でない。

6. 環境問題と被害者の保護

これまでの環境対策は外部性の発生者に対してその生産プロセスの変更を求めるか,運行の多様な方法の採用を促すというものであった。しかし,人々を環境阻害要因から遠ざける方法も存在する。短期的には直接的に当該地域から交通を迂回させるか人々や財産を物理的に保護することによって可能である。具体的には①二重ガラス,②住宅の修理費用の援助,③高規格道路の維持,④道路の改修などである。これらの問題は,その影響が,短期的にも長期的にもコミュニティにおける当該グループよりも広いことであり,費用の上昇をもたらす。同じようにトラックの路線指定はインフラ費用の上昇とトリップの距離が長くなる。

長期的な交通との分離といった空間デザインを検討することも不可能ではない。例えば,①騒音が発生する地域と住宅の間の土地を使用しない,②バリヤー的な建物をつくる,③自己防衛的な建物等が考えられる。しかし,こうした方法は費用がかかるだけでなく部分的な解決策であり,短期的な方法と同じように人々が自宅にいる間だけ環境費用を改善できるだけである[23]。

7. 結　論

交通と環境問題の最大の問題は外部性が相互に関連していること,したがって,部分的な枠組みで扱うことは困難である。車両の騒音の削減は,通常,大気汚染の減少を伴うが,常にそうとは限らない。また,混雑税は都市の混雑を減少させるが,交通が通過する地域の騒音が重大になる。交通の流れが速くなると事故は減るが,いったん事故が起こると,事故は重大事故となる。安全規制は車の重量を増大し,燃料消費を増やし,したがって,排出

ガスが増大するという側面もある。

　こうしたことからバットンは，問題は交通によってもたらされる多様な外部効果の影響について十分な理解がなされるまでは外部効果の問題は最適レベルに近づきそうにないとしている。もっとも筆者は安全面も含めて最近の急速な技術革新に期待するものであるが，長期的にはプーカー等が述べるように交通計画と都市計画を連動させたパッケージ・アプローチが必要であると考える。あるいは，後に述べるヤンソンの指摘のように全体としての交通量を減少させるような都市計画を行わなければ，自動車の諸問題はしばらくの間解決されることはないであろう。

注
1）舘内端『ガソリン車が消える日』宝島新書，2000年，150頁。
2）同上，151頁。
3）大路雄司『ミクロ経済学』有斐閣，1993年，221頁。
4）『日本経済新聞』2001年4月22日付け。
5）『日本経済新聞』2011年12月13日付け。
6）『日本経済新聞』2000年5月11日付け。
7）『日本経済新聞』2000年3月24日付け。
8）『中国新聞』2002年2月15日付け。
9）『日本経済新聞』2000年12月17日付け。
10）三本和彦『クルマから見る日本社会』岩波新書，1997年，95-96頁，164頁。
11）Kenneth J. Button（1993）*Transport Economics*, 2nd edtion, Edward Elgar, pp.27-41. および，Jonathan Cowie（2010）*The Economics of Transport*, Routledge, p.208. 参照。
12）David Banister, John Pucher and Martin Lee-Gosselin（2007）"Making Sustainable Transport Politically and Publicly Acceptable; Lessons from the EU, USA and Canada", In Piet Rietveld and Roger R. Stough（eds.）*Institutions and Sustainable Transport: Regulatory Reform in Advanced Economies*, Edward Elgar, pp.37.
13）村沢義久『電気自動車』ちくまプリマー新書，2010年参照。
14）荒井一博『信頼と自由』勁草書房，2006年，283頁。
15）『日本経済新聞』2001年6月20日付け。
16）加藤寛「非効率な行政を排除するために必要な道路特定財源見直し」中公新書ラクレ編集部編『論争・道路特定財源』中公新書ラクレ，2001年，20-26頁。
17）同上。
18）岡野行秀「道路特定財源を支持する」中公新書ラクレ編集部編『論争・道路特定財源』中公新書ラクレ，2001年，11-13頁。
19）同上。
20）久米良昭「道路特定財源制度の分析」中公新書ラクレ編集部編『論争・道路特定財

源』中公新書ラクレ，2001年，34-45頁。
21) Kenneth J. Button (2010) *Transport Economics*, 3rd edition, Edward Elgar, p.267.
22) 山根敏則「環境負荷の少ない交通システムをめざして」『運輸と経済』運輸調査局，第62巻，2月号，2002年2月，5-11頁。
23) Kenneth J. Button (1993) *Transport Economics*, 2nd edtion, Edward Elgar, pp. 148-171.

第4章　バリアフリーと交通

1. バリアフリーが求められる背景

　バリアフリーとは「高齢者，障害者を含むすべての人々が安全で快適な暮らしを営むことができる」生活空間をつくることである。最近ではすべての人が対象となるということから，「バリアフリーデザイン」から「ユニバーサルデザイン」へ，「福祉のまちづくり」から「人に優しい街づくり」へという表現が用いられるようになっている。アメリカではバリアフリーが公民権の一種としてとらえられている。つまり，すべての人に社会参加の機会を提供するのがバリアフリーであると考えられている。そして，アメリカでは1990年に「アメリカ人障害者法」（ADA法，Americans Disabilities Act）が公布された。
　日本でバリアフリーが注目されるようになったのは，65歳以上の高齢者が増えてきたことによる。そして，高齢者は身体に何らかの障害を持つ場合が多い。そのためバリア対策が重要になってきたのである。しかし，わが国のバリア対策は後に述べるようにアメリカ，スウェーデン，イギリス等に比べて遅れていた。

2. 交通バリアフリー法と効率

2.1　交通バリアフリー法

　わが国におけるバリアフリーに対する従来の取り組みは各種ガイドラインを通じて行われてきた。具体的には，運輸省（旧）は昭和58年に施設整備

の指針として「公共交通ターミナルにおける高齢者,障害者等のための施設整備ガイドライン」を作成し（平成6年改定),これに基づいて交通事業者に対し交通ターミナルのバリアフリー化を指導してきた。その後,平成2年,「鉄道駅におけるエスカレーターの整備指針」,平成5年,「鉄道駅におけるエレベーターの整備指針」,平成11年,「鉄道駅におけるエレベーターおよびエスカレーターの整備指針」を策定,車両については,平成2年,「心身障害者・高齢者のための公共交通機関の車両構造モデルデザイン」を策定し,車両のバリアフリー化を進めてきた。その結果,例えば,平成10年度末における1日の乗降客5,000人以上,かつ高低差5m以上の駅（JR,民鉄,大手営団・公営地下鉄）におけるエレベーター,エスカレーターの設置率はそれぞれ,31.0％,56.5％に達した。しかし,これは一基でも整備されていればカウントされているもので,各ホームと公共通路との間の段差の解消状況を正確に表示するものではない。また,全駅ベースで見ると,平成10年度末現在でエレベーター,エスカレーターの設置率はそれぞれ10％,17.3％にすぎない。バスについては,6万両ある乗合車両の中でリフト付きバス,歩道から段差なくバス床面に乗降可能なノンステップバスはそれぞれ1,000両程度であった。こうした状況の中で,平成12年5月,「交通バリアフリー法」が成立した[1]。

　この交通バリアフリー法の概要は以下のようなものである。

（a）交通事業者の責務

　国は必要な資金の確保,国民への公報を行い,地方公共団体は国に準じた施策を講ずることとなっている。そして,交通事業者は,今後新たに建設または改良する旅客施設,新規購入する車両などについてバリアフリー基準への適合が義務づけられている。既存の施設車両については,バリアフリー基準への適合が努力義務として課されている。

（b）駅,周辺道路,信号機等の一体的なバリアフリー化

　バリアフリー化を効果的に実現するためには旅客施設,車両,道路等の交通施設が単体で整備されるのではなく,相互に連続的な整備が確保されることが重要である。このため,本法では地域の実情に詳しい市町村が一定の旅客施設を中心とした地区においてバリアフリー化のための事業の重点的かつ

一体的な推進のための基本構想を作成することができるとしている。

(c) 情報提供

高齢者，障害者が公共交通機関を安心して利用できるようにするために，移動経路をあらかじめ確認できるよう，利用者に情報提供を行う。

(d) 国民の責務

心のバリアフリーの重要性を認識することを述べている。

要点は以上の通りであるが，タクシーについては，バリアフリー化を義務づけていないが，国会審議の際に，タクシー等を利用したスペシャル・トランスポート・サービス（Special Transport Service：STS）の導入に努める旨の付帯決議がなされ，今後の課題となっていた（この点については後に述べるように現在でも十分なものになっていない）。

この交通バリアフリー法成立後，例えば平成16年度末の段差解消は鉄軌道駅48.7％，バスターミナル76.7％，旅客船ターミナル77.8％，航空旅客ターミナル31.8％，車両等のバリアフリー化は鉄軌道車両27.9％，乗合バス（低床バス）22.6％，乗合バス（ノンステップバス）12％，旅客船7.0％，航空機40.7％等となっている[2]。しかし，わが国の公共交通機関のバリアフリー化は依然として遅れているのは否めない。そのため，平成6年に制定されていた「ハートビル法」（百貨店などの不特定多数が利用する特定建築物のバリアフリー化を努力義務と規定し，出入り口，廊下，トイレなど基準をクリアしたものについて税制優遇を行うというもので，平成14年に改正）と統合し，公共交通と建築物の一体的・連続的なバリアフリーを目的とした法（「高齢者，障害者等の移動等の円滑化の促進に関する法律」）が，平成18年に成立した。さらに平成23年にも改正され，その成果が期待されるところである。

ところで，移動制約者に対する政策は国によって異なっており，以下では欧米の政策を検討してみる。

2.2 移動制約者に対する欧米の交通政策

移動制約者に対する政策は当然ながら国によって異なり，アメリカやスウェーデンとイギリスでは大きく異なっている。

まず，ここでは移動制約者とは，「主として身体的理由により，移動を制約されている人々」で，高齢者，身体障害者などのことをいう。高齢化社会の到来によってこうした移動制約者の数が増大しつつある。とくに「後期」高齢者(75歳以上の高齢者)の増加によって移動制約者が増大している（もっとも今日では健常者でも道路事情などによっては移動制約者になる）。

こうした移動制約者の増大に対して，移動制約者の問題に詳しい中村実男氏によって欧米諸国の移動制約者対策の目標と実現方法をみると，①目標は，車イス使用者を含むすべての移動制約者のモビリティを確保すること（各国共通），②目標の実現方法としては，アメリカ，スウェーデンでは，原則的に公共交通機関の改善で対応し，スペシャル・トランスポート・サービス（以下，STS）の利用は例外とするものとなっている。アメリカの場合には，「アメリカ人障害者法」(1990年)において，公的交通事業者（バス，地下鉄など）はすべての新製車両について車イス使用者を含むすべての障害者にアクセス可能にする，重度の障害者についてはパラトランジット（＝STS）を提供するものとするとなっている。これに対して，イギリスでは，歩行可能な移動制約者には公共交通機関の改善で対応し，車イス使用者にはSTSまたはタクシーを提供するものとなっている。このような相違の背景には，アメリカ，スウェーデンは，移動制約者問題は人権問題（公民権，ノーマライゼーション）として考えているのに対して，イギリスでは移動制約者問題は交通問題としてとらえているからであり，費用対効果が重視されたからである[3]。

2.3 効率からみたバリアフリー法について

以下は，W. Z. ハーシュの議論を参考にしたものである。まず，前提条件として移動制約者は健常者と同じ輸送手段に対する需要を有しているが，ハンディのため費用が余分にかかるとする（歩行可能を前提）。また，移動制約者は他の健常者と同じ水準の所得を得ているものとする。

このような前提条件のもとに，①交通のためにだけ使える補助金を移動制約者に提供する（図9(a)），②移動制約者が自由に使える所得補助金を提供する（図9(b)），③移動制約者が容易に利用できるように公共輸送手段に技術的な改良を加える（図9(c)），という3つのうち，どれが好ましいかを検

第4章　バリアフリーと交通

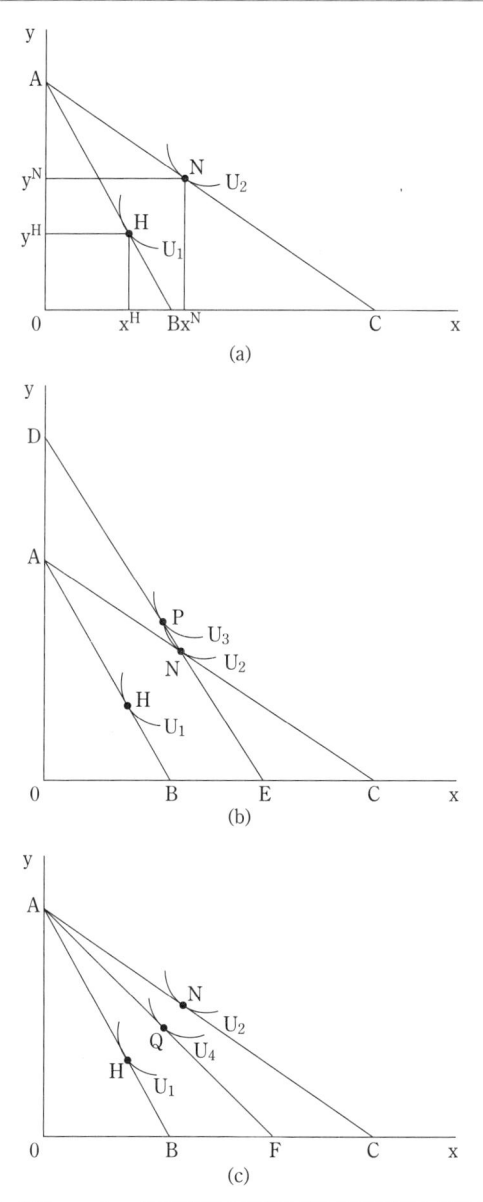

出所：W. Z. ハーシュ「交通弱者の交通政策」『高速道路と自動車』
　　　高速道路調査会　第26巻，第2号，1983年，22頁。

図9　移動制約者と補助制度

討してみる。図9は移動制約者の予算線ABと健常者の予算線ACとそれぞれの無差別曲線を示したもので，縦軸には交通以外の財の購入量，横軸には交通サービスの購入量を示している。

図9において移動制約者は駅までタクシーを使ったりして健常者より公共交通手段の利用が高くつくので，同じ収入があっても購入しうるサービス量は小さい。したがって，移動制約者の予算線ABの勾配は，健常者の予算線ACよりきつくなっている。交通以外と交通サービスの購入の組み合わせは，移動制約者は図のH，健常者はNで示される。移動制約者の満足度は明らかに健常者より低い。

図9(a)のケースの公共交通を利用するために与えられる補助金（特定補助金）は，予算線ABを予算線ACと同じ位置まで動かす効果をもつ。そのため，HはNへ移動し，満足度は健常者と同一となる。図9(b)のケースは，移動制約者に所得補助金を交付するケースである。所得補助は予算線ABを右へシフトさせる。この場合，PはNに接近するので，(a)と同じ満足を実現するのに，補助額は，交通サービスCE分に相当する額だけ少なくてすむ。いいかえると，(a)と同一の補助額で，効用は高くなり，u(P)＞u(N)となる。図9(c)のケースは，公共交通機関に一定の装置を付けることによって移動制約者の公共交通の利用を健常者のそれと同じようにするケースである。すなわち，移動制約者の予算線ABは予算線ACへシフトする。しかし，乗降等のための装置を作動することで運行の遅れ等が生じ，運行台数の減少も起こりうる。そのため，健常者，移動制約者双方の費用が上昇する。そのため，予算線ACは予算線AFへ逆移行する。その時の予算配分は，Qとなり，満足度は低下する。

全体として，u(P)＞u(N)＞u(Q)が成立する。したがって，所得補助とSTS等の専用の乗り物が好ましいということになる[4]。

もちろん，上記の議論は効率論のみの議論である。社会全体としてアメリカ型が好ましいと判断するのであればアメリカ型の政策が行われるべきである。幸いにも，日本の場合にはアメリカほど公共交通の利用者が少ないわけではなく，効率の観点からもノーマライゼーション実現のために公共交通のバリアフリーを実現することは可能である。

しかし，効率の観点からすればイギリス型が好ましいが，イギリスでは後に述べるようにバスの自由化によってバス利用者の減少が見られる。理念としては人権問題としてとらえるか交通問題としてとらえるかは別にして，具体的な対策としてスウェーデンでは公共交通のバリアフリーだけでなく，STSも普及している。そこで以下スウェーデンの政策を見てみる。

2.4 スウェーデンの交通政策

(1) 福祉先進国の背景

スウェーデンは男女共働きが当たり前の社会になっている。家庭は親と子の2世代同居が多く，3世代同居はほとんどない。そこで，社会政策として高齢者や障害者ができるだけ長い間自立した生活を送れるように国や自治体が支援するようになった。これが交通福祉の普及した背景となっている[5]。

(2) スウェーデンの移動制約者と交通政策

交通問題研究家でスウェーデンのSTS問題に詳しい和平好弘氏によると1970年代に成立したスウェーデンの移動制約者に対する基本政策として4つのものがある。

① 1979年の「公共交通機関の身体障害者用施設に関する法律」の制定によりすべての公共交通（タクシーを除く）をバリアフリーにするように義務づけた。これによって低床バスなどが普及するだけでなく，地下鉄のバリアフリー化も進んでいる。

② 70年代半ばに全国286の自治体（コンミューン）すべてに普及したSTSの運営について，国が運営費用の3分の1を補助する。

③ 1つの自治体から他の自治体へ移動する場合，国営のSTSを利用できることと，重度障害者が通常の費用負担のみで国内の長距離旅行を可能にするためのサービスで，障害者は2等の運賃を払うだけで1等車やタクシーで旅行ができるもので，差額は国が負担する制度である。

④ 自分の車で移動したいという障害者に対して運転支援装置の取り付け等の車両改造費を国が財政援助する政策である。

(3) STS

現在，上記の STS に関しては以下の3種類のものがある。

① 第1は，有資格者が電話等で申し込み，自宅から目的地まで送るドア・ツー・ドア方式になっている STS である。STS の利用資格は社会福祉事務局に申請することによって得ることができる。予約方法は電話で予約する。運営主体は自治体の社会福祉事務所である。車両は保有せず，タクシー事業者と契約している（上記 (2) の②）。

② 高コストな STS をより効率的に運用するために高齢者・障害者を対象としたミニバスを使用した定時定路線サービスを行う形態が考案された。これはサービスルートといわれている。サービスルートの運賃は既存のバスと同じである。定期券も使えるが，障害者パス所持者は無料である。高齢者パスの所有者も無料となっている。

③ 重度障害者が国内の長距離旅行を行う場合の STS（上記 (2) の③）。

(4) STS の費用と財源等

STS の費用については例えばサービスルートは年間平均1路線当たり 70 万クローネ（約 980 万円）の運行費用がかかるといわれている。STS は費用が非常にかかるが，一般的には既存路線バスの13倍の費用であるとされている。スウェーデン政府は，公共交通については費用の半分を補助しているが，STS に対しては3分の1を負担している。公共交通の財源は一般財源であるが，STS の財源は社会保障財源（年金社会保険の財源）である。公共交通の費用の半分は運賃収入で賄われているが，STS の場合には運賃で賄っているのは費用の 10 ％である。

データは少し古いのであるが，このような状況を見ると，移動制約者の交通政策，バリアフリー化を交通事業者の経営努力に委ね，収入の多くを運賃に依存するだけでは STS の導入余地は少ない[6]。なお，以下は前述の和平氏からのヒヤリングによるが，その後の STS の運賃による収入は全収入の5％といわれ，ここ 10 年間は変化していないとのことである。残り 95 ％の収入は国 1/3，県 1/3，市町村 1/3 からの補助金である。

(5) スウェーデンと日本の福祉輸送サービス

現在，日本には，STSに類似したものとして全国のNPO団体と社会福祉協議会（社協）が自家用車（白ナンバー）で行っている自家用車による福祉目的の有償運送「福祉移送サービス」や，市区町村がタクシー事業者に運行委託（緑ナンバー）している「福祉輸送サービス」などがある。これらは自家用もしくは営業用の車両を使用する違いはあるが，福祉目的（一人で移動が困難な人，身体障害者や高齢者）で，特殊車両（車イスの乗降のためのリフトやスロープを設置，車内に車イスの固定装置や寝台を備えた車両）を使用したサービスを行う点で，スウェーデンのSTSとサービス形態はかわりない。しかし，スウェーデンと日本の福祉輸送サービスは，大きく異なっている。

第1に，スウェーデンでは，法律で福祉輸送サービスの提供を義務付けていることである。そのための上記のような財政支援（国1/3，県1/3，市町村1/3）も定めている。これに対して日本にはここまでの法律はない。第2に，スウェーデンでは法律でSTSの提供を義務付けているため，障害者や高齢者でSTSの利用を希望する人々にとって不便を感じないほどにSTSが普及していることである。日本では，NPO等が実施している「福祉移送サービス」や，自治体が補助してタクシー事業者が実施している「福祉輸送サービス」もスウェーデンのSTSに比べると，質量とも不足している。代表的なストックホルムのSTSの場合，日本と同じように電話予約をするが，実際の利用の30分前の電話予約で配車される。日本のサービスでは，移送サービスか輸送サービスを問わず，予約は早くても前日までに取らないと配車されない。特に最も利用が集中する月曜日の朝一番の利用は，前日に予約しても取れない（数日前の予約が必要）場合が多いなど，運行車両もドライバーも不足している。さらに，利用者の制限（高齢であるだけでは利用不可で，移動困難等が条件），利用目的の制限（通院，買い物等に限定されることが多く，食事やレジャー目的では利用できない場合が多い，スウェーデンでは有資格者の利用目的制限は一切ない），利用者の費用負担（日本の移送サービスでは距離に関係なくタクシーの半額程度の料金負担が多く，長距離使用では負担が大きい。スウェーデンでは有資格者に送られるクーポン

利用のため，何回利用しても個人の負担はない）など，サービスを受ける際に両国間で大きな差がある。

わが国でもこうしたスウェーデンのようなSTS導入について検討すべき時期に来ているといえるであろう。

3. 道路とバリアフリー

3.1 障害者の自立と街路におけるバリアの要因

障害者基本法第3条によると，「すべての障害者は，個人の尊厳が重んじられ，その尊厳にふさわしい処遇を保護される権利を有する。すべての障害者は，社会を構成する一員として社会的，経済的，文化的その他のあらゆる分野の活動に参加する機会を与えられている」[7]。また，障害者福祉の研究者であり車イス使用者でもある定藤丈弘氏は，障害者の自立を「自らの力量を超える問題状況に直面したとき，勇気をもって他者に援助や協力を求め得る人こそ自立的人間であること，すなわち，見ず知らずの他者からの支援を獲得する力を身につけることも自立である」[8]としている。

しかし，これまでの街は障害者の自立にとって多くの問題を含んでいた。その要因としては以下のようなものがあった。

① バリアフリー思想を欠く設計

車イスの通れない歩道，すべての人に不快な歩道の段差などが身近なバリアであるが，そもそもこうしたことがなぜ生じたのであろうか。それは，道路設計に問題があったということである。道路は道路法と道路構造令によって作られるが，道路構造令の変遷をたどることで，わが国の道路設計の思想を知ることができる。すなわち，昭和33年当時の道路構造令制定当時の思想は「いかに道路建設を推進するか」にあった。昭和45年の改定では，激増する交通事故への対応が中心で，混合交通主義から効率中心の車線交通主義に改められた。その後，環境対策，自転車対策などが盛り込まれるようになったが，バリアフリーは遅れた。平成5年になって改正がなされ，バリアフリーも考慮されるようになった。その後，平成12年の交通バリアフリー

法を受けて平成13年に改正され，歩行者，自転車の通行空間の確保といった考え方が導入された。さらに，平成15年にも改正されている。

② 細部の設計施工および運用における配慮不足

思想を理解していても詳細な設計と施工の段階で配慮が不足しているとバリアフリーにならないことがある。例えば，現在では考えられないかもしれないが，かつては視覚障害者誘導ブロックの線状ブロックと点状ブロックの使い分けのルールが全く理解されないままに設置されることがあった。なお，点字ブロックは視覚障害者が安全に歩けるように昭和40年に岡山で開発され，当初は，点状の突起のあるいわゆる点ブロックだけだった。ところが，敷設した際に方向性を持たせる必要から線状の突起をもつ誘導用の線ブロックが開発され，従来の点ブロックは危険を表示する警告ブロックとして用いられるようになった。

③ 空間の利用のされ方に起因するバリア

歩道のない単断面道路は自動車がほとんど通らないとバリアフリーの環境になるが，自動車が入ってくるとバリアになる。対策としては，道路交通法等による規制またはネットワーク全体を考えた空間の使い分けを考えること等が考えられる。

④ マナーと維持管理に起因するバリア

歩道上に設置されたブロックの上に自転車が駐輪された例や車いす用スロープの前に駐車車両がありスロープが使えない例などがある。

3.2 道路構造のバリアフリー化

(1) 歩道・自転車歩行者の幅員

幅員が1mにも足りず，車イス通行が不可能な歩道が多い。これについては平成5年の道路構造令一部改正によって，もっとも狭い場合でも通行幅1mの車イスがすれ違えるという意味から最低2mの幅員が求められることになった。歩道の幅員が広ければ車両乗り入れ部の「波打ち現象」などのバリアがなくなる。車両乗り入れ部は通行部とすり付け部に分けられる。歩道幅員が広ければ，すり付け部のみで歩車道段差は解消される。一般に広幅員歩道を持つ道路は車道と歩道の間に植栽帯が設置されるから概ねその範囲内

で勾配を収めることができる。住宅地の地区幹線道路において歩道を拡幅することによって歩道の平坦化をはかった例として日野市のケースがある。当面，狭い幅員歩道をどうするかについて特殊縁石が導入されている。また，歩道の断面形式についても従来の歩道を車道より高くするマウントアップ形式のほかに，歩車道段差を5cm程度に抑えるセミフラット形式などがある。さらに，拡幅された歩道には，歩行者等の通行機能に加えて，ベンチ，バス停，並木などが設置されている。今後は，電線の地中化等のためのスペースとして重要である。

(2) 横断歩道個所の構造

横断歩道部の歩車道段差の問題としては，車いす使用者にとっては，歩車道段差は0に近いほうがよい。しかし，視覚障害者には段差は歩道と車道の境界を識別する手段になっている。現状では段差を2cmとすることで両者のバランスをとっている。今後は，横断歩道を歩道の高さまでかさ上げする方式も考えられている。これによって車の流れがゆるやかになり，騒音も静かになる[9]。

注
1) 小瀬達之「交通バリアフリー法の成立と今後の課題」『道路』日本道路協会，2000年7月号，16-20頁参照。
2) 大沼年之「高齢者，障害者等の移動等の円滑化の促進に関する法律」『運輸と経済』運輸調査局，第66巻，第9号，2006年，18頁。
3) 中村実男「英国における高齢者と身障者のための交通政策」『運輸と経済』運輸調査局，第51巻，第11号，1991年，69-77頁参照。
4) W. Z. ハーシュ「交通弱者の交通政策」『高速道路と自動車』高速道路調査会，第26巻，第2号，1983年，20-23頁参照。
5) 松尾光芳，小池郁雄，中村実男，青木真美『交通と福祉』文眞堂，1996年，47-96頁。
6) 和平好弘「ヨーロッパにおける交通のバリアフリー」『IATSS Review』国際交通安全学会，Vol.23, No.1, 1997年，34-43頁参照。
7) 村田稔『車イスから見た街』岩波ジュニア新書，1994年，参照。
なお，同法は平成16 (2004) 年に一部を改正され，3条3項として「何人も，障害者に対して，障害を理由として，差別すること，その他の権利利益を侵害する行為をしてはならない」ことが追加された。
8) 大野智也『障害者は，いま』岩波新書，1988年，162頁。

9) 久保田尚, 小林隆史「住民主体による地区道路改修の可能性と課題に関する実践的研究」『IATSS Review』国際交通安全学会, Vol.22, No.2, 1996 年, 34-42 頁, および久保田尚「まちづくり, まちづくりにおけるバリアフリー」『IATSS Review』国際交通安全学会, Vol.23, No.1, 1997 年, 4-13 頁参照。

第5章　交通事故と自賠責保険問題

1. 高齢者事故の増大

　わが国の交通事故死傷者数はモータリゼーションが進展してきた昭和45年には死者数16,765人，負傷者数981,096人という膨大な数であった。交通事故の原因は交通心理，道路構造，交通法規等多様な側面から検討しなくてはならないが，最近は，道路整備，安全教育等もあり，事故件数は大幅に減少してきた。
　しかし，高齢化時代に入り，高齢者の事故が増大している。平成21年度の交通事故は発生件数は73万6,688件で，これによる死者は4,914人，負傷者数は91万115人であった（死傷者数計91万5,029人）。交通事故による死者数は9年連続で減少し，昭和27年（死者数4,696人）以来57年ぶりに4,000人台となり，ピーク時昭和45年の3割以下となった。しかし，平成21年度の交通事故死者数を年齢層別にみると，65歳以上の高齢者（2,452人）が17年連続で上昇し，全死者数に占める割合は49.9％となっている。いくら日本の社会が高齢化したといっても全人口に占めるの65歳以上の高齢者人口の比率は23％であるから，いかにわが国の高齢者が交通事故で亡くなる危険性を強く持っているかがわかる[1]。
　交通社会学者の鈴木春男氏によると，高齢者に多い違反としては優先通行妨害，一時不停止，信号無視，安全運転義務違反があるとされる。優先通行妨害違反の主要な原因は，標識や表示の見落としあるいは自己中心的な傾向の増大である。一時不停止の原因としては標識や表示の見落とし，本人はブレーキを踏んだつもりでもその踏み方が弱いためにきちんと停止できないといった体力の問題や，一時停止が面倒であるといったことが考えられる。ま

た，信号無視については，信号を見落とすこと以外に疲労や注意力の減退などが原因である。安全運転義務違反には運転操作違反と漫然運転違反があるが，前者の原因としては瞬間的な対応が困難である，反射的反応動作にムラがある，あるいは判断の早さや正確さに多少問題が生じるといったことが考えられる。後者については運転疲労とか注意力の減退等の問題等が考えられる[2]。なお，表7は，高齢者に多い違反と高齢者の特性との関係をまとめたものである。地方都市では高齢者にとって車は生活必需品であるだけに，見方によってはわが国の車社会は深刻な社会問題を抱えているといえよう。

2. 交通事故の保険と補償

　わが国で自動車保有者に加入が義務づけられている自動車損害賠償責任保険（自賠責保険；人身事故に限定）が実施されたのは昭和30年2月1日からである。自賠責保険の保険料は，平成22年現在，普通乗用車で22,470円（2年間），保険料の限度額は傷害につき120万円，死亡につき3,000万円，後遺傷害につき最高3,000万円である。しかし，平成22年度には約2,280億円の赤字となり，平成23年度から保険料が値上げされた。自賠責保険の料率は事故率の低下や，保険料の運用益などによって料率の引き下げが行われてきたが，最近では高齢者の事故が増大し，料率の引き上げにつながったのである。保険料の値上げ率は11.7％で，自家用乗用車（普通・小型）の場合、24ヵ月で24,950円となっている。

2.1　自賠責保険制度の問題

　保険の社会的役割は，個人にかかる不可抗力的偶発事故のリスクを軽減させることであるが，自賠責保険には保険特有のパラドックスが存在する。すなわち，経済学的には各人の合理的な行動が社会的な非効率をもたらすケースの1つであるが，結果として，過剰診療の問題が発生する。また，自賠責保険に入ることで何回も事故をした人とそうでない人との間での不公平という問題がある（かつては悪質ドライバーが多くこの問題は深刻であったが，現在では安全思想の普及などでこの問題はそれほどではないかもしれない）。

表7 高齢者に多い違反と高齢者の特性との関係

違反の種類		優先通行妨害	一時不停止	信号無視	安全運転義務違反	
					運転操作違反	漫然運転違反
身体的特性	a. 視力					
	①動体視力の低下	○	○	○		○
	②視野の変化		○	○		○
	③コントラスト感度低下	○	○			
	④暗順応の低下				○	
	⑤眩惑の増大				○	
	b. 聴力					○
	c. 反射的反応動作	○	○		○	
	d. 判断の速さと正確さ	○	○	○	○	○
	e. 体力と衝撃耐性		○		○	
	f. 疲労回復力の低下			○	○	○
	g. 注意配分や集中力低下	○	○	○	○	○
心理的特性	a. 複雑な情報を同時に処理することが難しい	○	○	○	○	
	b. 運転が自分本位になり、相手に甘えがち	○	○	○		
運転的特性	a. 過去（若いとき）の経験にとらわれる				○	○
	b. 意識と行動のミスマッチ		○			
	c.「慣れ」と「だろう運転」		○			○
	d. 小さい車に換えることで身体機能の低下はカバーできると考える				○	
	e. 高齢者に見られる個人差				○	○
社会的特性	a. コミュニケーション能力の低下	○				○
	b. 生活構造の違いからくる特性				○	○
	c. 世代からくる特性	○				○

注）○は関係が深いと思われるもの。
出所：鈴木春男「高齢ドライバーに対する交通安全の動機づけ ── 交通社会学的視点 ──」
『IATSS Review』国際交通安全学会, Vol.35, No.3, 2010年4月, 54頁。

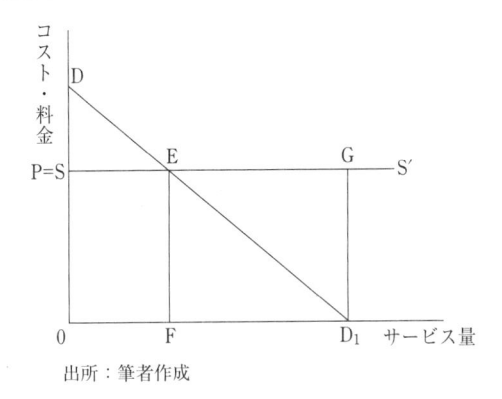

第 5 章　交通事故と自賠責保険問題

```
コ　D
ス
ト
・
料　　　　　　E　　　　　G
金  P=S ─────────────────── S′
　　　　　　　　　
　　　　　
　　0         F           D₁　サービス量
```
出所：筆者作成

図 10　保険とモラルハザード

　図 10 において，保険がないとき個人のサービス消費量は 0F とすると，個人が支払う医療費は 0SEF である。その場合の消費者余剰は SED となる。したがって個人の厚生（W_1）は SED（ここでは消費者余剰が厚生）である。保険がある場合には，医療費は無料とすると，医療費 P の水準 = S であったものが，P = 0 となるので，個人のサービス消費量は，$0D_1$ である。

　保険に入ると保険料は払っているが，医療費は支払わないとすると，需要が F から D_1 へシフトしたのは，P が S から 0 になったからである。したがって過剰診療は必然的に生じたのであり，それは経済現象であるといえる。これは各人の合理的行動が社会的な非効率をもたらしたケースであるといえる。しかし，当初は保険の引き起こす道徳心の低下ととらえられ，モラルハザードと呼ばれていた。個人の効用は $0DD_1$（支払い意思額であらわす）であるが，個人が支払う保険料は $0SGD_1$ で，負担は増えることになる。したがって個人の厚生（W_2）は，$0DD_1 - 0SGD_1 = SED - ED_1G$ となる。それゆえ，保険によって引き起こされた損失は，$W_1 - W_2 = SED - (SED - ED_1G) = ED_1G$ である[3]。

2.2　交通裁判の現場

(1) 交通訴訟の争点

交通訴訟の争点の 1 つは責任論と損害論の問題である。責任論は，自賠責

保険法第3条では運行供用者責任には但し書きがついていて，加害者に全く過失がなく，被害者または第三者に過失があるなど一定の要件にあてはまる場合には加害車両の保有者は免責される（例：被害者がスピードを出しすぎてセンターラインをオーバーしていた）。このように免責の有無を争う。これに対して損害論は個々の損害を当該交通事故による損害として認めるか否か，認めるとしてもどの範囲まで認めるか，治療費は損害の1つであるが，どこまで認めるのかといった問題である（マッサージ代，温泉治療費ほか）。

次に，過失相殺の問題がある。被害者にも過失がある場合，損害額を定めるに当たって公平の見地からその過失の割合に応じた減額をしようというのが過失相殺の考え方である。昭和50年に東京地方裁判所の交通部の裁判官が過失相殺の基準を作成，現在はその改訂版を使用している。ただし，自賠責保険については被害者に重大な過失がある場合に多少の減額を行う場合を除いて過失相殺は適用されない。これは，自賠責保険が被害者救済を本旨としているからである。しかし，このような考え方は万国共通ではない。アメリカでは，「寄与過失」という考え方をとっていた。これは被害者側に事故に寄与した過失がある場合，加害者は損害賠償義務を免れるというものである。そのためアメリカでは被害者がうかつに"I am sorry"というと被害者が自分の過失を自認したものと受け取られ，損害賠償を受けられないといったことがありえたのである。しかし，近年では「比較過失」という考え方が導入されている。これは加害者と被害者の過失を考慮し，被害者の過失割合分を損害額から差し引くというもので，日本の過失相殺の考え方と同旨である。

逆にフランスでは，1985年の特別法で，一定の条件に当てはまる被害者には過失相殺を適用せず，被害者に過失があっても全損害を賠償することを表明した。責任の公平な分担よりも被害者保護を優先させた。

(2) 東京裁判対大阪裁判

以下は，生命の「値段」についての交通事故紛争の専門家である加茂隆康氏による説明である。地方裁判所の中で専門の交通部がおかれているのは東京地裁と大阪地裁である。東京地裁と大阪地裁は交通事故に関しリーディング・ケースとなった判例を多数うちだしてきたが，これまでは東京地裁と大

阪地裁では生命の「値段」が異なっていた。
　① 逸失利益の違い
　生命の「値段」は，逸失利益と慰謝料からなる。逸失利益とは交通事故の死亡者がもし事故によって死亡しなかったなら生涯にどの程度の収入をうみだすかを算定し，中間利息を控除して原価になおした金額をいう。慰謝料は精神的肉体的苦痛を慰めるための賠償金である。これには2種類あって死亡者自身の慰謝料（これは一般的には相続人である遺族に相続されると考えられる）と遺族固有の慰謝料である。このうち東京地裁と大阪地裁で相違があったのは逸失利益に関してである。
　② 東京地裁方式対大阪地裁方式
　逸失利益は，死亡者が学生，幼児，成人の場合でも次のような計算式で表される。
　年収×生活費控除率×就労可能年数に対応する中間利息控除の係数
　死亡者が学生，幼児の場合，東京地裁と大阪地裁で算定方式が違うものは，基礎となる年収，中間利息の控除の係数である。基礎となる年収は，東京では17歳未満から65歳以上まで全ての年齢を平均した賃金（全年齢平均給与額），大阪では18歳の平均賃金（初任給平均給与額）を採用していた。逸失利益は将来得るであろう収入を今先取りするという趣旨のものであるから，先取り分の利息を差し引かなければならない。それが中間利息の控除である。控除する方式として複利で控除するものと単利で控除するものがあるが，東京は複利方式（ライプニッツ方式），大阪は単利方式（ホフマン方式）を採用している。複利の方が控除する金額が大きい。結局，東京ではベースとなる年収は初任給にくらべてかなり高い数値を採用するものの，中間利息を複利で控除する。これに対して大阪地裁ではベースとなる年収は初任給という低い数値をとるものの，中間利息に関しては単利で控えめに差し引いている。最高裁はどちらでもよいとしていた。
　生活費控除は，被害者が生存していたら費やしたであろう生活費を逸失利益から控除しようという考え方である。生活費は被害者が生存し収入を得るための必要経費である。被害者が死亡し必要経費の出費を免れた限り，これを差し引くのが妥当である。収入の一定割合（30〜50％）として算定して

いる[4]。

　しかし，こうして算定した結果，東京と大阪ではかなり数値が異なり，東京方式の方が高くなっていた。例えば，平成10年のケースであるが，10歳の男子小学生が死亡した場合，東京方式による補償額は35,027,629円，大阪方式だと24,536,094円であった[5]。

　ただし，現在では，算定方式が改定され，東京方式に統一されている。東京方式に統一した背景には幼児や学生の死亡事故は遺族が賠償金を受けてもすぐに生活費に充てることはなく，銀行などに預金しておくことが多く，複利計算のライプニッツ係数の方が合理的との判断があったからであるとされている。

3. 自賠責保険問題 ── 対策はあるか ──

3.1 自賠責保険と任意保険の連動

　強制保険は一律強制で，義務教育の扱いと同じであり，一種のメリット財である。リスク・グループ間の料金格差の適正化，ないし，民間保険でやっているようなメリット・デメリット・システムの導入が検討されることがあったが，強制保険は，過去の事故歴，違反歴に関係なく，「車両単位」の自賠責保険（車検の時一緒に支払う）では，実際は難しい。1つの対策として，自賠責保険で保険金の支払いを受けたものは任意保険の契約切り替え時期に，そのことを考慮して，一定のデメリット，つまり，それまでの割引率をある程度減少させる制度が考えられる。自賠責保険と任意保険を連動させて，自賠責保険金の支払い実績を任意の保険の割引率の減少の形で反映させるのである。しかし，任意保険に入らなければ，それまでという限界がある[6]。

3.2 自賠責保険金限度額の大幅引き上げ

　賠償の現場では自賠責保険だけでは片付かないケースが多い。平成22年現在，傷害分の自賠責保険は120万円が限度である。被害者が3ヵ月も入院すれば，治療費，休業補償，慰謝料などの損害金はたちまち120万円を超え

る。120万円を超えた分については任意保険に入っていれば任意保険の枠内で支払われる。それでも任意保険に入っていない車が非常に多い。任意保険に入っていても賠償金を賄いきれなくなることもある。特に働き盛りの中年男性の死亡に対して遺族側が1億円を請求したのに対して自賠責と任意保険を合わせて 6,000 万円しか支払う能力がない場合，4,000 万円は泣き寝入りとなる。したがって少なくとも自賠責保険金の限度額はかなり引き上げる必要があるであろう。

　しかし，これは別の観点からも意味がある。任意保険では過失相殺があるが，自賠責保険では過失が絶対的に大きい場合を除いて過失相殺はしない。従って，損害総額が自賠責限度額以上である場合には限度額まで補償される。その場合，高額な医療費のみに消えてしまっては真の被害者保護にならない。限度額を引き上げても医療費にあてる部分は 120 万円を超えないようにし，あとは健康保険を適用させるといったように，医療費に費やす額を限定することも検討すべきである。しかし，限度額に収まらない場合こそ重要である。論者によっては後に述べるように無限責任保険化が望ましいとするものもいる。

3.3　懲罰的慰謝料

　加茂隆康氏によるとアメリカでは多くの州で正規の損害賠償とは別に懲罰的慰謝料（制裁的慰謝料，懲罰的損害賠償ともいう）が認められている[7]。慰謝料に制裁的な意味合いを持たせるというのは刑事と民事の混淆であるとの考え方もある。現実に発生した損害の範囲を超えて「損害なき損害を認める」という論もある。ただし日本では，懲罰的慰謝料を認めてはならないという法規が存在するわけではない。通常事案の慰謝料だけでは悪質事案の精神苦痛＝損害は十分慰謝されない。その意味で「損害なき損害賠償」という批判は当てはまらない。ちなみに関連の学会では懲罰的慰謝料に好意的であるとされる。

3.4　損害賠償から社会保障へ

　また，加茂隆康氏によると交通事故の被害者を損害賠償としてではなく，

社会保障によって救済する構想があるとされる。自賠責保険，任意保険にかえて，交通事故だけでなく，労働災害，公害，医療過誤，製造物の欠陥など危険行為を行い，または生む恐れのある者から課徴金というものを徴収し，それに被害者が自衛的に負担している生命保険，傷害保険などの保険料を加えて，総合的な救済基金を設立する。被害者はこの基金から必要な給付を受け取るかわりに，加害者への損害賠償請求をしない，あるいは請求の制度そのものを廃止する。加害者に対してはこの救済基金から求償することになる。このシステムが順調に軌道にのれば，加害者側に賠償の能力がない場合でも，被害者は救済基金から補償を受けられるという利点がある。このような構想を実現したものがニュージーランドの事故補償法である。ニュージーランドの事故補償法の基本理念は，被害者の救済を「共同体の責任」として包括的にとらえ，それを国益にかなうとしていることである[8]。

　なお，ニュージーランド方式に近い交通災害保険と制裁制度を加味したものを経済学的な観点から主張する議論もある。議論は省略するが，原資としてはガソリン税を利用した被害者救済制度の確立と明確な過失については費用負担制度と切り離して，別の制裁制度を導入するのが望ましいとする説がある[9]。

4. 民間自動車保険の免責制度および割引制度

　交通災害保険制度は，理論上はともかく，導入には多くの政治経済的障害をともなうであろう。他方，民間保険（人身事故，損害保険）も従来の画一的な料金体系から多様な料金体系になり，一定の改善もなされつつあることも事実である。事実，平成10年から民間保険の保険料率の完全自由化が行われることになった。それによって低価格リスク細分型自動車保険の導入が見られる。具体的には10年以上無事故・無違反の優良ドライバーに与えられるゴールド免許所有者を対象に保険料を大幅に下げる商品である。また，人身障害補償保険という商品が販売されている。従来，任意保険では過失相殺といって被害者に過失がある場合に保険金の減額があったのであるが，この保険は保険加入者が自動車事故の被害者になった場合，被害者の過失を

いっさい問題とせず，被った被害の全額を直ちに支払うというものである。問題点としては，保険料率はさほど安くなく，若者や事故歴の劣悪なドライバーにとっては禁止的高率となっていることである。しかし，こうした保険料率の自由化は事故防止に一定の歯止めをかけるものと思われる。

注
1) 内閣府『交通安全白書』2011 年，8 頁。
2) 鈴木春男「高齢ドライバーに対する交通安全の動機付け ── 交通社会学的視点 ── 」『国際交通安全学会誌』Vol. 35，No.3，2010 年，54 頁。
3) 詳細は，中村貢「保険の社会的役割」『IATSS Review』国際交通安全学会，Vol.11，No.1，1985 年，6-11 頁を参照されたい。
4) 加茂隆康『交通事故賠償』中公新書，1992 年，79-94 頁。
5) 『日本経済新聞』1998 年 3 月 6 日付け。
6) 鈴木辰紀『自動車保険』成文堂，1988 年，205 頁。
7) 加茂隆康『交通事故賠償』前掲，1992 年，79-94 頁，および加茂隆康『交通事故紛争』文藝春秋，2003 年，44-47 頁。
8) 加茂隆康『交通事故賠償』前掲，207-216 頁。
9) 倉沢資成「自動車事故の費用負担について」『エコノミア』横浜国立大学経済学会，第 70 号，1981 年，14-25 頁参照。

第 III 部

公共交通

第1章　規制の論拠と料金理論

　従来,交通は公益事業の1つとして参入規制と料金規制がなされてきたが,最近の規制緩和の流れの中で規制の見直しがなされるようになってきた。ここではひとまず従来の議論を検討する。

1. 規制の論拠 ── 財の必需性と自然独占 ──

　財の必需性とは需要の弾力性が小さいことであるが,同時に自然独占 (natural monopoly) 的性格をもつものをいう。自然独占とは規模の経済性が大きいため,破壊的競争を通じて必然的な独占が形成されるような場合である。そこではじめから,独占を認める代わりに,政府が料金について介入することが考えられる。政府の介入には通常,参入規制と料金規制,サービス規制がある。「自然」の意味は,新規企業が参入しようとしても,小規模生産では平均費用が高くて既存企業に太刀打ちできない場合,費用曲線そのものが自然な参入障壁となるからである[1]。なお,需要は産業全体の需要で,個々の企業の商品,サービスに対する需要ではない。食料品は必需性があるが,規模の経済性は小さいので市場には多くの企業が存在する。そのため,産業全体の需要の弾力性は小さいが,個別需要の弾力性は大きい。こういうところでは競争が成立するので,通常,政府は介入しない。実際には歴史的慣行によって介入している場合もある。バスやタクシーのように規模の経済性がないとされるものについての規制の論拠は内部補助であるとされていた。

2. 料金理論

2.1 限界費用価格形成原理

　現代経済学では消費者余剰と生産者余剰を合計した総余剰が最大になるときに資源の有効利用がなされているといわれる。いいかえると，限界費用料金論は消費者が認める価値から資源の価値を差し引いたものであるともいえる。

　これを R. マッケンジー，G. タロックによって別の形で説明すると少し長くなるが次のようになる。「特定の財の何単位かを消費するかを決める際に，その個人は 1 単位増すごとの追加費用に注目するに違いない。この費用概念の別名が限界費用である。いいかえれば，合理的な個人は次の単位の消費にとりかかる前に，その追加単位がいくらかかるのかを，段階ごとにたえず尋ねなければならないのである。

　最初の単位の財の消費を選択する際に，その人はいずれの機会を断念するであろうか。費用ないし，この場合のように，限界費用とは，断念した機会のことであるから，このことは第 1 番目の単位の費用が可能なかぎり低いことを意味している。個人が次に第 2 番目の単位を生産したり消費したりしようとする場合には，最後から 2 番目に価値がある機会をあきらめざるをえない。このことは，第 2 のものの限界費用は第 1 のものより大であることを意味している。こうした選択行動を前提にすると，次々と単位を増すごとに限界費用は次第に上昇するものと考えられる。それゆえ，供給される財の単位と限界費用との関係を描こうとすれば，右上りの曲線となると考えられる。限界費用は縦軸，財の量は横軸にとられている。経済学者はこのような曲線を供給曲線とよんでいる。この関係を根拠として，単位当たりの便益（あるいは価格）が大きいほど，より多くの単位の財を供給することが正当化される，と論じることができるのである。

　追加的な単位を供給する限界費用が一定な場合がある。捨てるべき他の機会の価値は一定のままで，一層多くの単位が供給できるのである。この場合，

供給曲線は水平でありうる」[2]。

要するに，ここでの費用とは機会費用である。そして，限界機会費用論とはA財の需要曲線と供給曲線＝限界費用が等しくなるようにすることであるが，それは，A財の供給を認める価値と犠牲にされる価値が等しくなることであり，そのことによって資源の配分が最適化されることになる。

しかし，限界費用価格形成原理の問題点としては以下のようなものがある。

① 費用逓減産業に適用すると，損失が発生する。損失は租税によって負担することになり，それは公正か。

② ①では，はじめから損失が生じることを前提としていることから経営効率の問題が生じる。

③ セカンド・ベストの問題

ここでは説明は省略するが，例えば公企業において限界費用料金論を採用しても民間企業は限界費用料金論を採用できないとすると当の公共企業の料金は限界費用から若干乖離する必要がある（次善の料金）という困難な問題が存在している。

④ さらに，価格と投資の関係も分断されるという問題を持っている[3]。

2.2 フルコスト原理

これは，収入を目的とした料金論であり，料金差別がなければ平均費用原理となる。問題点としては，①限界費用原理より劣る，②料金水準を規制するが料金構成を規制しないという問題がある。しかし，私企業を前提とするかぎりフルコスト原理が一般的である。フルコスト原理を前提にした料金規制の具体的な方法は以下の通りである。

①能率的な経営のもとにおける適正な原価に適正な利潤を加えたもの，②特定のものに対して不当な差別的取り扱いをするものではないという前提のもとに，適正原価（事業に必要な固定費，変動費）プラス適正な報酬が総括原価となる。

総括原価の計算方法には2種類ある。

① 積み上げ方式による総括原価；営業費＋営業外費用（支払い利子を除く）＋支払い利子＋適性利潤（配当など）

② フェアリターン方式による総括原価；営業費＋営業外費用（支払い利子を除く）＋事業報酬

事業報酬は，レート・ベースに公正報酬率を掛けたものである。レート・ベースは，事業資産の純価値（事業資産の価値額－その減価償却累積額）である。報酬率は電力の場合，平成14年で3.4％，電気通信では報酬率に幅を持たせ，上限（過大な利益を防止）と下限（略奪的料金設定の防止）の間で事業者に裁量の余地を残している。

ところで，これまでの価格規制の諸問題は以下のようなものである。

① 企業に対して内部効率化のインセンティヴが働かない；公正報酬率規制がコスト・プラス方式による料金決定であるから，申告したコスト水準がほぼ認められる。規制企業と規制当局の情報の非対称性（情報の偏在，規制当局は企業がどの程度コストを削減しうるかは正確に理解できない）。

② 規制当局の自由裁量性が大きい；公正報酬率の決定，共通費の配分方法の決定問題

③ 料金規制があることによって事業者が実際に採用できる経営戦略に制約が生じる，あるいは規制のラグ問題がある。

④ 行政の肥大化

⑤ レート・ベース方式自体の問題（アバーチ・ジョンソン効果）

(a) 過大投資の問題

収益率＞資本コストだと，企業は規制のない時よりも資本集約的な要素の組み合わせを選ぶ。そのため，企業の選択する産出量において要素価格の意味での費用の最小化が達せられない。それだけ料金率は高くなる。

(b) 規制当局のレート・ベース算定慣行に関する問題

企業が規制下の複数の市場に加わっているとき，レート・ベースが各市場についてではなく，企業全体の資産について一括で算定されることがある。この場合には，規制下の他の市場に進出することにより，それに要する資産分だけ企業のレート・ベースは増加し，従って，許容される公正報酬の総枠が拡大する。そのため，既存の独占市場ではこの総枠に見合う価格引き上げが可能になるから，当の新市場においては価格が限界費用より低く損失が発生していても，企業は進出のインセンティヴを与えられる。そして，進出を

受けた規制市場では競争が激化する。

このような問題があるなかで，平成8年3月に閣議決定された「規制緩和推進計画」に基づいて平成9年1月1日から総括原価方式を前提として，一定の改善がなされることになった。

① 上限価格制の導入

総括原価主義に基づいて運賃の上限値を認可し，認可された上限運賃の範囲内であれば，報告により運賃を設定・変更ができる制度である。このため，認可された上限運賃と実際に設定された運賃が一致しないことが当然予想される。本制度は上限値を消費者物価指数等のデフレーターに基づいてではなく，各事業者のコスト（＝総括原価）に基づき，上限を決めるという点で，いわゆるプライス・キャップ制とは異なる。しかし，事業者の自主性が拡大するとともに規制コストの縮小は図られることになるという長所は同じである。本制度の導入により，例えば，路線・区間別，季節別，曜日別，時間帯別などの多様な運賃の設定変更が届け出で行えることになり，利用者利益の増進が図られることになった。

なお，プライス・キャップ制とは，イギリスにおいて電気通信，ガス，上下水道，航空，電力で採用されているものである。規制当局は絶対的な料金額ではなく料金の上昇率に上限をつける。料金改定が上限以下であれば柔軟に料金を設定できる。規制の見直しは一定期間（3〜5年）を経たのちに行われる。企業があらかじめ設定された水準以上に生産性を向上させれば，それに応じた報酬を得ることができるため，企業にコスト引き下げのインセンティヴを与えることができる。料金構造の伸縮性の採用の意義は料金構造の伸縮性を高め，価格戦略の機敏な利用と革新性を導入することによって競争のルール等を事業者に習熟させるという面にある。具体的には，小売物価指数マイナス生産性の上昇率（RPI－X）によって決定される。しかし情報の非対称性の問題は残る。

② ヤードスティック方式の強化

新たな規制方式（インセンティヴ規制）の1つとしてのヤードスティック（基準比較方式による）競争の導入が進んでいる。これはある地域独占企業が他の地域の企業の業績に刺激されて内部効率の改善を計るような競争のこ

とである。規制当局は，企業間のパフォーマンスを比較して経営成果の優れた企業の費用構造やサービスの質を基準（スティック）として，他の企業にその水準まで追い付くよう指導する（バス，大手私鉄ではすでに導入されている）。ただし，問題点としては共謀の可能性等がある。

その他，③原価計算方式の改善，④手続きの簡素化，⑤情報公開の促進等が行われることになった[4]。

2.3 ラムゼイ価格

上記はフルコスト原理を前提にした制度的改革であるが，効率や所得分配の観点からフルコスト原理に追加の原理が主張されることがある。例えば収支制約下で余剰最大を意図したラムゼイ価格である。そこで，ラムゼイ価格を簡単に述べてみる。

今，独占の公益企業が2種類の（または2種類の需要者）サービスを供給しているとして，それぞれのサービスの価格と供給量をP_x, X, P_y, Yとする。

簡単化のため，各サービスの限界費用は一定で，それぞれC_x, C_yとし，X, Yの共通費用関数を$C(X,Y) = C_f + C_x X + C_y Y$，とする。$C_f$は，XとYに共通の固定費用である。このとき，次善の価格は，収支均等式，$P_x X + P_y Y = C_f + C_x X + C_y Y$を満たし，X市場とY市場の社会的余剰の和を最大にする価格である。

それは，$\dfrac{P_x - C_x}{P_x}\mu_x = \dfrac{P_y - C_y}{P_y}\mu_y$で与えられる。$\mu_x$, μ_yは，それぞれサービスX, Yの需要の弾力性である。

証明は省略するが，これを学生のコンパで説明すると以下のようになる。例えば，ルーム・チャージが30,000円，1人当たりの食事代が2,000円とする。10人の参加者がいて頭割りにすると1人の負担額は5,000円（フルコスト原理，AC原理）である。このとき，3,000円なら参加すると言う人がもう10人いたとすると，これを参加させることで先の10人の負担は1,000円減少できる。その場合の総費用は70,000円となる。70,000円のうち後の10人は，2,000×10 + 1,000×10，すなわち，30,000円のルーム・チャージのうち10,000円を負担することになり，1人3,000円である。これに対して，はじ

めの 10 人はそれぞれの食事代と残りのルーム・チャージ（20,000 円）を負担すると，1 人 4,000 円となる。もし，総費用を 20 人で頭割りすると 1 人 3,500 円となって，後の 10 人は参加せず，先の 10 人は 5,000 円を負担することになる。つまり，共通費用であるルーム・チャージを頭割りではなく，価格弾力性の強さに応じて配分することで料理店の売上増加を含めて全ての者の満足を増加させる。

しかし，純最適料金体系（収支制約下で余剰最大）は需要の価格弾力性が小さい消費者には相対的に高い料金を，大きい消費者には低い料金を差別して課すことを要求する。そのため，独占企業の利潤最大化価格と同様に（それよりは低い水準にせよ）その財を必需とするものには高い料金を課すことは搾取的と見られるかもしれない。このように，資源配分の効率を目的とする準最適料金体系の問題点は，それが，逆進的なものになりやすく，所得分配上の要請と対立しがちなことである。

2.4 ピーク・ロード・プライシングとラムゼイ価格

電力，交通のサービスは貯蔵が困難で需要と供給が同一時点で行われる。そのため時間帯ごとに異なった料金を設定することが可能である。いま，経常費を与えられた施設・設備を使って生産するのに要する費用，資本費用を施設・設備の建設拡張の費用とする。限界経常費用を a，設備を拡大することによる費用増大分すなわち限界資本費用を β とし，それぞれは一定とする。図 11 において，λ は図から容量一杯に生産することから生じる費用の増分である。純便益極大（施設の有効利用）とすると，夜間需要 D_1 の料金は p = a，昼間需要 D_2 の料金は p = a + λ である。容量 k が変更可能であるとすると，$\lambda > \beta$ なら容量を大きくすることによって純便益は大きくなる。というのは，λ は容量一杯生産することによって生じる費用の増分であり，β は設備を拡大することによる費用増大分である限界資本費用であるからである。逆に，$\lambda < \beta$ なら縮小することによって純便益が増大する。

結局，$\lambda = \beta$ となるような容量の時，純便益は最も大きくなる。言い換えると，非ピーク時のときは p = a（限界経常費），ピーク時は p = a + β（λ = β であるから，限界経常費と限界資本費の合計）のとき純便益が最大とな

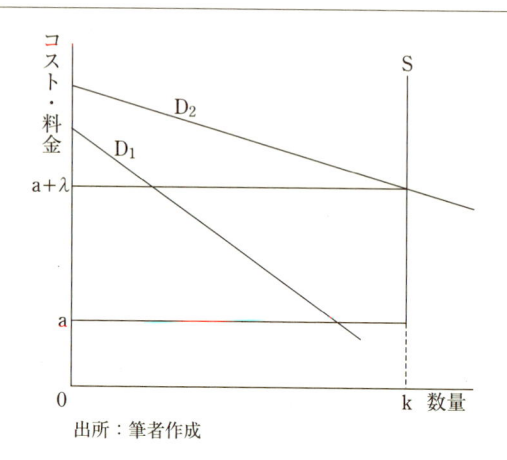

図 11 ピーク・ロード・プライシング

出所：筆者作成

る。

　資本費用を負担する人はピーク期間の需要者であり，非ピーク期間の需要者は限界経常費用のみ負担するということになる[5]。

　ピーク・ロード・プライシングは限界費用価格形成原理の応用と考えると，需要の価格弾力性によって料金に差をつける差別価格とはいえない。しかし，ピーク，オフ・ピークという異なる時間帯の需要を別々の市場と考え，共通に発生する費用を各市場の利用者に負担させる方法と捉えれば，ピーク・ロード・プライシングをラムゼイ価格の応用として捉えることができる。ピーク時の需要はオフ・ピーク時の需要に比べて非弾力的であるから，ピーク，オフ・ピークの共通費用負担割合は，ラムゼイ原則からもピーク・ロード・プライシングと同様の方向性が導かれることになる。

　そして，このようなピーク・ロード・プライシングが存在しない場合，次のような資源配分の非効率性が生じる。すなわち①オフ・ピーク時の料金が高すぎてオフ・ピークの交通量が過小になる，②ピーク時に料金が低すぎて混雑は激しくなりすぎる，③ピーク時の需要に対応してキャパシティ投資を行うので，投資費用がかさみ，それをまかなうために料金水準全体を高くせざるをえないといった問題が生じるのである。このように考えればピーク・ロード・プライシングは重要な政策であるといえる。もっとも現実的な対応

としてはピーク・ロード・プライシングではなく，オフ・ピーク割引を導入しているケースが増えている[6]。

3. 参入規制と規制緩和

　これまでの参入規制の論拠は自然独占と内部補助であった。最近では，参入規制の論拠として自然独占性を説明するために劣加法性の概念が使われている。劣加法性は次のように説明できる。

　いま，同一の費用関数 C(X) をもち，同じ生産物を生産する企業が k あるとする。このとき，X_q の産出量を1つの企業で生産したときの総費用は $C(X_q)$ である。そして，X_q を k の企業で，それぞれ X_1, X_2, ..., X_k 生産したときの費用の総計は，$C(X_1) + C(X_2) + \cdots + C(X_k)$ である。

　このとき，$X_q = X_1 + X_2 + \cdots + X_k$ となるどのような i（i = 1, ..., k）と2つ以上のどのような k についても，$C(X_q) < C(X_1) + C(X_2) + \cdots + C(X_k)$ となるとき，つまり，産出量 X_q を1つの企業で生産するほうが2つ以上の企業で生産するよりも費用が低くなるとき，費用関数 C は劣加法的であるという。

　市場の需要を満たす産出量で費用関数が劣加法的な場合，1つの企業で生産を行ったほうが生産費の面からも効率的である。このような場合が自然独占である。

　そして，広範囲の産出量で平均費用が逓減するとき，費用関数は劣加法的になる。ただし，平均費用最低の産出量よりさほど大きくない産出量では，平均費用が逓増する領域の産出量であっても1企業で生産したほうが，総費用が低くなることがある。これは，平均費用の逓減は劣加法性の十分条件であるが必要条件ではないということである。

　どのような場合に平均費用は広範囲に逓減するかといえば，固定費用が大きい場合である。というのは，平均費用＝平均可変費用＋平均固定費用で，平均可変費用は当初は逓減し，それから逓増する。平均固定費用は産出量の増加とともに逓減，固定費が大きいほど広範囲に急速に逓減する。そこで，平均費用は，固定費が多ければ多いほど広範囲に逓減する。このように，産

出量が増えるにつれて平均費用が広範囲に逓減することを規模の経済という。

　生産設備の不可分割性に基づく多額の固定費用による規模の経済性によって費用関数が劣加法的となり，1産業に1企業が効率的であるとき，自然独占となる。その場合，政府による介入，参入規制と料金規制を必要とする[7]。

　他方で規制緩和に対する要請も強くなってきた。規制緩和の論拠としては，以下のようなものが考えられる。

　①　規制当時は適切な規制であった規制も，市場条件の変化によって，企業の競争適応力を失わせるものになっている。例えば，供給義務を課せられた赤字路線の維持を求められる交通企業は，新たに発達した交通手段が利益のある大市場にだけ参入することでクリーム・スキミング（牛乳からとった最も美味なクリームの部分だけ吸い取るという意味で，転じて収益性の高い部分を吸い取ること）される。

　②　競争制限は能率改善，技術革新が行われない。

　③　官僚組織の肥大化

　④　アメリカを中心とした外圧

　⑤　コンテスタブル・マーケットの理論

　規制緩和に関するいま1つの議論は内部補助についてである。内部補助に対する批判としては，①資源配分上効率的でない，②分配の公正に合致しない等がある。しかし，社会的内部補助と企業的内部補助の区別が必要である。企業的な内部補助は問題とならない。さらに，競争可能性（コンテスタビリティ）の問題である。すなわちコンテスタブル・マーケットの理論の出現である。それを簡単に説明すると以下のようなものである。

　①　当該産業で生産される財サービスが同質で，

　②　既存の企業，新規参入企業の間での技術の格差が存在しない，

　③　参入，退出が自由で，かつ瞬時に行え，埋没費用が存在しない，

　④　既存の企業の料金改定にタイムラグが存在すること（仮に，タイムラグがないとすると，新規参入が行われるまでは，独占価格を維持し，参入があった時点で瞬時に価格を下げるといった行動が可能となる），

という条件が満たされれば，当該産業が本来自然独占的性質をもっていても自由競争によってラムゼイ最適の状態を実現できるというものである。

ところで，もともと規制のタイプには2つのものがある。すなわち，①公益事業規制，公益事業の特質から参入規制と料金規制を行う，②反独占規制，競争を促進し，独占を規制するというものである。近年，要請されてきたものは前者の規制緩和である。しかし，参入規制の緩和は，競争市場の実現を保証するものではない。例えばコンテスタブル・マーケットの理論が当てはまるとされてきた航空では高需要密度の路線における運賃低下・頻度増加と低密度の地方路線における運賃上昇や営業廃止が顕著である。さらに寡占化の傾向が生じている。コンテスタブル・マーケットの理論は，理論的な発展を含んでいるが，「新規参入の恐れによる独占的行動の抑止の考え方自体は新しいものではない。実際にこの競争可能性が有効かどうかは，事業ごとに検討されるべき」[8]ものである。実際，今日，多くの論者が航空にはコンテスタブル・マーケットの理論は当てはまらないとしている。

注
1) 西村和雄『ミクロ経済学入門』岩波書店，1986年，238-239頁。
2) Richard B. McKenzie and Gordon Tullock (1975) *New World of Economics*, Richard D. Irwin, Inc. (R.マッケンジー，G.タロック『新経済学読本』大熊一郎・鵜野公郎訳，秀潤社，1977年，22頁)
3) 藤井弥太郎「公共料金の体系」『公共企業論』有斐閣，1977年，210頁，228頁。
4) 岡部豪「新しい旅客鉄道運賃制度」『運輸と経済』運輸調査局，1997年5月号，12-23頁参照。
5) 奥野信宏「公共料金」上野裕也・小林好宏編著『価格と市場の経済学』有斐閣選書，1976年，191-194頁参照。
6) 金本良嗣『都市経済学』東洋経済新報社，1997年，293頁。
7) 大路雄司『ミクロ経済学』有斐閣，1993年，139-150頁参照。
8) 藤井弥太郎「公共料金の体系」『公共企業論』前掲，228頁。

第2章　軌道系の整備

1. 私鉄・地下鉄等の法制度

　わが国の鉄道は，民法，会社法等の私法に基づいて設立される私法法人，法律により直接設立されまたは特別の法律により設立される特殊法人，国または地方公共団体が直接関与するものの3つに分類される。私法法人としては，私鉄と第三セクター，特殊法人としては旧日本鉄道建設公団，旧帝都高速交通営団，旧特殊会社としてのJR，地方公共団体によるものとしては公営地下鉄があった。現在では，旧日本鉄道建設公団は平成14年に解散し，鉄道運輸施設整備支援機構に統合されている。また，旧帝都高速交通営団法による営団地下鉄は，平成13年12月の閣議決定「特殊法人等整理合理化計画」によって平成16年から特殊会社として東京地下鉄株式会社（東京メトロ）となった。JRは，平成13年6月にJR会社改正法が成立し，JR本州3社（東日本・東海・西日本）は完全民営化されている。公営地下鉄は，地方公営企業法によって運営され，原則として独立採算制であるが，平成17年度末の全体の累積欠損金は2兆279億円，不良債務940億円となっている。

　鉄道に関する法律は，昭和62年の日本国有鉄道の民営分割化に伴い，民営分割後のJR，私鉄とともに昭和61年に成立した鉄道事業法による。また，国鉄の民営分割に併せて，鉄道の運行と施設保有の分離がなされた。このため，鉄道事業には第1種，第2種，第3種の3種類の鉄道事業が存在する。第1種鉄道事業とは，自己の鉄道線路を利用して，旅客または貨物を運送する事業，第2種鉄道事業とは，他事業者の鉄道線路を利用して旅客または貨物を運送する事業，第3種鉄道事業とは，鉄道線路を第1種事業者に譲渡する目的で敷設する事業および鉄道線路を敷設して第2種事業者に使用させる

事業(例えば大阪の片福連絡線)である。

ところで,通常,鉄道事業は巨額の資金を必要とする。鉄道事業の財源調達には,利用者負担,出資(地方公共団体出資等),債券(地方債,鉄道建設債券),補助・補給,無利子貸付金,借入金(市中銀行等からの借入れ),受益者原因者負担金(開発利益の還元)などがある。さらに補助を必要とする場合もあるが,わが国の鉄道に対する補助は,従来は法律に基づく補助ではなく,覚書による予算補助であった[1]。

2. 地下鉄建設の問題とラムゼイ価格

2.1 公営方式

この方式は単年度収支を原則として建設費の70％を国と地方が折半して補助する方式である。かつては10年間補助率低減方式であったが,現在は一括補助となっている。

図12において,公営は単年度収支を前提とし,A線を地下鉄の年間資本費負担とする。初期の段階では資本費(減価償却費と利子),特に利子の負担が大きいため,償還(償却)が進むにつれて,資本費の負担は軽減する。

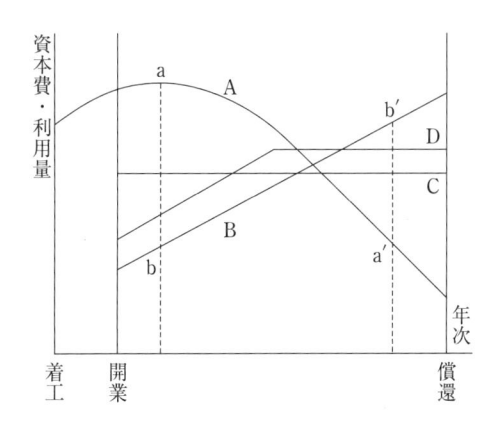

出所:奥野正寛他編著『交通政策の経済学』日本経済新聞社,1989年,181頁。

図12 通路費用負担方式

B線は，地下鉄の年間利用量とする。利用量（運賃収入）と資本費は時間的に相反して推移する。各年度に収支均衡を図ろうとすると初期のbの利用者にaの資本費を，後期の利用者b′にはa′の負担という関係が生じる。つまり初期の利用に重い負担を課すことになる。そのため利用者が増加せず，施設の十分な利用が妨げられることがある。そこで，初期の利用者の負担を軽くするためには補助が必要となる。官庁会計という制度上，補助が必要になったと考えられないことはない。しかし，効率の問題，財源の問題がある。別の方法として資本費の時間プール制（初期の負担をプールして需要が成長した後に支払いを繰り延べる方式）がある。その1つが旧日本鉄道建設公団方式である。

2.2 旧日本鉄道建設公団方式

従来，私鉄は地下鉄建設にあたって旧日本鉄道建設公団による建設，譲渡を受け，私鉄は25年間元利均等払いで支払う制度が存在した。同じく図12において年間資本費の負担はC線になる。利用量の小さい開業初期の負担は単年度収支均等より軽くなる。住宅都市整備公団の家賃の場合は初期の負担をもっと軽減したものである（D線）。

しかし，もっとも徹底したプールは旧道路公団の償還主義である。便宜上，資本費以外を無視すると，30年の償還期間の元利資本費の合計と料金収入が等しくなるように全期間を通じて単一の料金率が決定される。Aを償還主義下での年間資本として，Bを利用量に料金率を乗じた年間料金収入とすると，30年間の両曲線下の面積が等しくなるように，Bの勾配つまり料金率を定める。これは，資本費負担に産出量比例減価償却の方式を当てはめるものである。

2.3 ラムゼイ価格の時間版

旧鉄道建設公団方式等の時間プールはラムゼイ価格の時間版からすると好ましい方式と考えられるが，厳密には不十分である。建設された地下鉄の通路施設は計画耐用期間の各年度に同一の通路サービスを結合的に供給し，その建設費は本来各年度に対して特定的に帰属させえないものである。その意

味で，減価償却は産出量比例法を含めて恣意性を免れえない。これに対して，全期間を通じた収支均等制約の下で総余剰最大化をはかろうとすると，いわゆるラムゼイ価格（つまり，弾力性の小さいサービスには高い価格が，大きいサービスには低い価格がつけられる）の時間版が考えられる。すなわち，負担の時点間配分を各年度の需要の価格弾力性に反比例させる原則にしたがって定める方式である。地下鉄では一般的に初期の利用量では弾力性は大きいから相対的に小さい建設費の負担となり，後期の利用量では弾力性は小さくなり，相対的に大きな建設費の負担となる。これに対して現在の建設費補助は初期の負担軽減を意図したものであるようにみえる。しかし，人口の多い東京のような大都市の地下鉄は長期には採算のとれる事業であるから補助に先立ち，まず，利用者負担の枠内で時点間負担配分の在り方を考えるべきであるということになる。資本費の時間プールは初期の負担（特に利子負担）をプールし，需要が成長する時期に支払いを繰り延べることにほかならない。その間の資金フローの確保が問題となる。多額の資本費についてはこれを確保するためには公的な担保が必要であり，公団のような公的な組織が必要である。しかし，旧日本鉄道建設公団方式による建設は，公団が鉄道運輸施設整備支援機構に統合されたことにより現在実施中の2線（西武池袋線および小田急小田原線）のみである。なお，最近，こうした方式で完成したものとしては平成21年3月の阪神なんば線がある。ただし，西九条—大阪難波間では西大阪高速鉄道が第三種鉄道事業者として建設し，阪神電気鉄道が第二種鉄道事業者とする上下分離方式となっている。尼崎－西九条間では阪神電気鉄道は第一種鉄道事業者である。

3．上下分離制度

運輸政策審議会鉄道部会は平成12年8月1日，鉄道整備の際に線路や駅などを国・地方の予算で建設し，その上を走る列車運行は民間鉄道事業者に任せる上下分離方式の導入を提言する答申をまとめた。運賃値上げが難しいか，政策的に重要な鉄道計画で鉄道事業者による整備が困難な場合，公費で整備すべきだとしている。ただ，分離方式導入は採算性を無視した過大投資

につながる恐れもあり，建設コストなどの情報公開の必要性も明記した。答申は，上下分離方式を①公費で線路や駅を建設し，鉄道事業者は運営コストのみを負担する公設型，②公費で整備した施設を民間事業者に有償で貸して，国・地方は最終的に資金の全部または一部を回収する償還型の2つに分類，まず償還型の導入を検討し，それでも資金回収が難しいプロジェクトの場合は公設型で整備するよう提言した[2]。具体的には高速鉄道東京7号線などがその対象とされている。

　一般的に上下分離は，旧日本鉄道建設公団による建設のように下部構造に対する長期の巨額投資について，資金調達・負担配分上の要請と経営効率上の要請を調和させるための方策といえる。社会としての利点から政府が多額の資金援助をするときは，政府はその使い方について監視せざるをえない。そのような政府の大きな干渉は私企業の組織にはそぐわず，公共的な組織が援助の便宜的な受け皿となる。他方，建設された施設の効率的な運営や利用には私企業の組織の方が有効であろう。上下分離はその点をメリットとする[3]。したがって，筆者は上下分離方式を必ずしも否定するものではない。

　しかし，より大局的にみた場合，大都市の膨張はこのままで良いのかという根本的な問題がある。以下では特に鉄道問題に詳しい角本良平氏の大都市交通政策についての批判を紹介する。すなわち，角本氏は通勤地獄の解消のために重要なことは，かつての国鉄を事例にあげながら，新たな建設方法を模索して建設するよりも需要抑制であるとされ，以下のように主張されている。

　引用は若干長いのであるが，「『あまりにもひどい通勤輸送』の解決への善意の努力が結局，国鉄を破滅させた。被害を受けたのは国鉄労使だけではなくその始末は21世紀の国民が負わされた。20世紀は21世紀に付けを回して負担を免れたことになる。……21世紀は20世紀の債務を負わされた上で，なお投資を続けようとするに違いない。180％の混雑を目標に掲げる以上そうであろう。しかし空間確保の障害は周知のとおりだし，資金の調達はいくつかの対策にもかかわらず，さらに困難となる。この状況において交通企業が改善に意欲を燃やすことは期待できない。企業はそれよりも需要の停滞（あるいは減少）を前に経営の保全に専念しよう。

さらに心配なのは運営だけでも収支が悪化することである。欧米では運営費に対して運賃収入はその一部をカヴァーするに過ぎない。それはかつての国鉄ローカル線が陥っていた姿であり，同じことが運賃水準の決め方によっては東京にもおこりうる」[4]とする。欧米の事例は，本著の第Ｉ部の第2章で指摘されていることである。

さらに，「いずれにせよ21世紀は東京区部の鉄道通勤輸送に大きな改善は望めない。対策がなお可能であった時期を十分には生かさないうちに，空間入手も資金調達も硬直してしまった。……就業者の分布を考えると，都心部集中にもどるとしても，都心3区やその周辺への鉄道能力の増加はほとんど望めない。そうではなく外周への区への分散であれば都心区は助かるけれども，外周への通勤者は従前以上に通勤時間が伸びる恐れがある。いずれの方向にせよ，区部通勤者が増加する限りは苦痛が増大する。市民個人としては住宅を勤務個所の近くへ移すよりほかに通勤改善策はない。臨海副都心のような不便さでは特にそうなのである。21世紀をバラ色に描いてはいけない。実態を直視すべきである」[5]としている。

長期的視点に立った角本氏の議論は説得力がある。こうしてみると，東京都市圏などの大都市では巨額の費用のかかる建設ではなく需要をコントロールすることが重要である。この議論は本著の基本的視点でもある。なお，表8によると，平成20年度の大手民鉄16社（東京地下鉄（株）を含む）の輸

表8　大手民鉄16社の輸送人員の推移（平成3年度を100とした指数）

	平元	平2	平3	平4	平5	平6	平7	平8	平9	平10
定　期	96	98	100	99	98	96	96	94	92	90
定期外	96	98	100	100	101	101	99	100	98	98
合　計	96	98	100	100	99	98	97	96	94	93

	平11	平12	平13	平14	平15	平16	平17	平18	平19	平20
定　期	87	85	84	82	82	82	82	83	84	84
定期外	99	100	101	102	104	103	105	106	111	112
合　計	91	90	90	89	90	89	90	91	93	93

出所：本橋正光「平成20年度民鉄事業等の決算概要について」『交通公論』交通公論社，平成21年10，11月合併号21頁より作成。

送人員は 95 億 4,800 万人で，輸送指数は，平成 3 年を 100 とした場合の 93 となっている。一時期は景気後退などの影響も受け 90 程度に低下していたが，もとに戻りつつある。

　一方，地方都市でも平成 19 年に地域公共交通活性化・再生法が成立し，LRT（新型路面電車）などのための公設民営方式が成立した。さらに，平成 20 年の改正法では地方鉄道等についても適用可能となった。これによると駅舎や線路を自治体が取得・保有し，事業者に無償貸与できるというものである。地方でこのような制度が活用されることは好ましい側面もあるが，バスなどの代替交通手段が存在している場合には適用は慎重になされるべきであろう。

　注
　1）土木学会編『交通整備制度』，1991 年，36 頁。
　2）『日本経済新聞』2000 年 8 月 2 日付け。
　3）藤井弥太郎「鉄道」奥野正寛他編著『交通政策の経済学』日本経済新聞社，1989 年，185 頁。
　4）角本良平「東京の発展と鉄道整備」『運輸と経済』運輸調査局，第 59 巻，1999 年 12 月号，26 頁。
　5）同上，26 頁。

第3章　バス交通

　路線バスの規制緩和が道路運送法の改正によって平成14年2月から導入された。しかし，バスの規制緩和はバス離れの中で独占による非効率の問題や内部補助の問題によるとされているが，理論的には単純ではない。そこで以下ではまずわが国の従来のバス制度を紹介した後にイギリスおよびわが国のバスの自由化について検討する。

1. わが国のこれまでの乗合バス制度

　バスの種類には，乗合バス，貸切バス，特定バス（スクール・バス）がある。こうしたバスはこれまでいろいろな規制が存在していた。すなわち，参入規制，運賃規制，数量・設備規制，補助制度等である。以下は乗合（路線）バスに関するものである。

1.1　免許事業

　バス事業を経営しようとするものは運輸大臣（旧）の免許を受けなければならない（道路運送法第4条）。
　乗合バス事業については路線ごとに免許を申請しなければならない（第5条）。
　免許基準としては，①適切な事業計画を有すること，②事業遂行能力を有すること，③当該事業の開始が公益上必要であり，かつ，適切なものであること，④当該事業の開始が輸送需要に対し適切なものであること，⑤当該事業の開始によって当該路線にかかる供給力が輸送需要に対し不均衡とならないものであることというものであった。このような参入規制によって各事業者にエリアと呼ばれる事業区域が形成され，ほぼ，独占的な事業を行っていた。
　その理由は，①規模の経済性（もっとも，これについては議論があり，規

模の経済性はないとする論もある）と②内部補助論である。

規模の経済性があるとする議論については，わが国では現実の制度上そのように推測されうる。そして，集約の程度によって政府からの補助金の補助率が異なっていた。例えば，中国地方の広島県の事例で示すと（「地方バス路線維持対策制度の概要」広島県，平成9年4月1日），運輸大臣（旧）の指定する単位区域ごとに路線バス事業者の集約化を推進して，経営の合理化と企業基盤の強化を図るものとしている。集約は，合併や事業基盤の強化等により1単位地域に1社もしくは2社となること，または1つのバス事業者が1単位地域内のすべての路線バス事業者との間に系列支配の関係を有することとなっている。広島県における状況は以下のとおりであった。

・広島県東地域（JR，公営企業などの特殊事業者を除き2つの事業者（中国バス，因島運輸）により経営されている）
・広島県西地域（特殊事業者を除き1つの中核事業者（広島電鉄）の系列支配を受けている（備北交通，芸陽バス））
・大崎上島地域（1つの事業者（おおさきバス）のみにより経営されている）

運輸大臣（旧）の指定する単位区域ごとに路線バス事業者の集約化を推進して，経営の合理化と企業基盤の強化を図るものとしている。集約は，合併や事業基盤の強化等により1単位地域に1社もしくは2社となること，または1つのバス事業者が1単位地域内のすべての路線バス事業者との間に系列支配の関係を有することとなっていた。

運輸大臣（旧）は前記の集約の有無によって，第1類整備地域と第2類整備地域の指定を行う。第1類整備地域は集約が行われた単位地域で，第2類整備地域は集約が行われていないが，バス路線の運行維持対策が必要であると認めた単位地域である。しかし，第2類整備地域におけるバスの補助率は低くなっていた。

1.2 運賃制度

バスは地域独占を認めるかわりに運賃についても規制している。総括原価主義（バスについては標準原価制度）をとり，運賃形態には対キロ区間制，特殊区間制，均一制等がある。都市部では，短距離客の割高感を除くため，

例えば広島のように均一制から区間制に移行しているところが増えた。

1.3 補助制度

国，自治体が欠損額を補う制度で，昭和47年にスタートしたが，平成6年度で期限切れとなり，見直しを検討し，平成7年からは以下で説明する第2種，3種は存続（10年間延長，5年ごとに見直し），廃止路線代替バス路線については国庫補助の廃止が決まった。その結果，県の単独補助で一般財源を使用することになった（第1種は路線バス事業者が自らの採算において維持するもの）。

(a) 生活路線維持補助金

・第2種（平均乗車密度5人以上15人以下）

これは集約化の程度にしたがって補助採用基準に格差を付け，国，県が半額ずつ負担する。

・第3種（平均乗車密度5人未満）

これは欠損補助で，同一路線につき3年間に限定されており，補助金打ち切り後の対策の検討が必要である。このため国・県は次の措置について市町村，バス事業者を指導する。すなわち，①系統の再編整理，利用促進等により第2種路線への格上げ，②廃止路線代替バスへの移行等で，国・県はそれぞれ欠損額の4分の1，市町村が2分の1を負担する。

(b) 廃止路線代替バス車両購入等補助金

これは，国，県，自治体がそれぞれ3分の1を負担する。この制度は平成7年に廃止され，市町村に対する直接補助（県単独の補助制度）となった。廃止路線代替バスを道路運送法第80条第1項の許可を受けて自ら運行する市町村または同法第21条の許可を受けた貸切バス事業者に運行を依頼し，それに対し経費を負担する市町村に助成する。過疎の町村は，運行業務を業者に委託し，運賃収入は町の収入となる。町は見返りに，運行業務委託金を支払う。

このように補助制度も集約化を前提とする補助制度になっていた。その他，

僻地教育振興法に基づくスクールバス，過疎法にもとづく患者輸送車のための補助などが存在していた。しかし，従来のバス制度は縦割り行政もあって総合的なバス政策とは言えるものではなかった。また，イギリスの乗合バスの規制緩和にも影響され，バスの規制緩和が行われることになった。

1.4 規制緩和

平成 11 年 4 月 10 日，運輸政策審議会自動車交通部会は，タクシー・乗合バス事業の新規参入の自由化を答申し，平成 14 年 2 月からバス・タクシーが自由化された。免許制を廃止して許可制にし，運転手，車両の確保，運行体制などの要件を満たした事業者は自由に参入しうることになった。なお，料金は上限制が採用されている。もっとも自由化によって補助制度がなくなったわけではなく，平成 23 年度からバスを含めた公共交通に係る国の支援策が見直され統合されることになった。

2. 規制緩和論

規制緩和論の 1 つは，バスには規模の経済性はなく，内部補助は非効率的であるというものである。以下の図 13 による説明は，規制によって内部補助がなされている場合と規制がなく内部補助がない場合とを比較したものである。

(1) 規制がない場合

都市部の運賃と利用者数は，それぞれ $P = P_1u$，$Q = Q_1u$ で，消費者余剰は AP_1uC である。過疎地の運賃と利用者数は，$P = P_1r$，$Q = 0$ で，消費者余剰はゼロである。

(2) 規制によって内部補助を導入した場合

都市部の運賃と利用者数は，それぞれ $P = P_2u$，$Q = Q_2u$ である。消費者余剰は，ABP_2u へ減少する。利益 P_1uP_2uBE は定義によって過疎地へ内部補助される。過疎地の運賃と利用者数は，それぞれ $P = P_2r$，$Q = Q_2r$ で，定義により，$P_1rP_2rMN = P_1uP_2uBE$ で，消費者余剰は P_2rML である。(1) と (2)

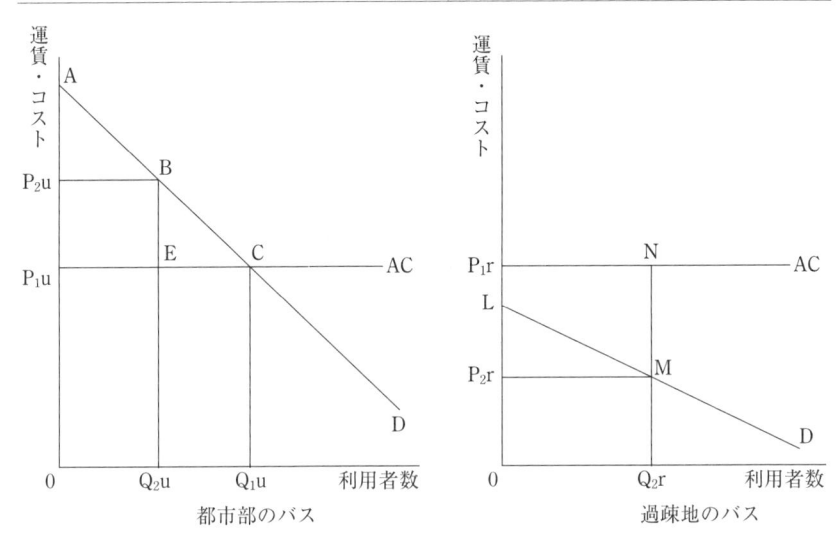

出所：N. J. A. Douglas（1978）*Welfare Assesment of Transport Deregulation*, Gower, p.53.
図13　内部補助と効率

を比べると，まず，(1) と (2) では生産者余剰（利潤）は定義によりゼロで変化はない。すなわち，(1) のケースでは，都市部の料金は P = AC で，利潤はゼロ，過疎地の供給量はゼロ，したがって，利潤はゼロである。(2) のケースでは，都市部の利潤は，$+ P_1uP_2uBE$，過疎地の利潤は $- P_1rP_2rMN$ で，全体として利潤はゼロである。しかし，(1) から (2) になることで消費者余剰の大きさに変化がある。過疎地の消費者余剰は $+ P_2rML$，都市部の消費者余剰は $- P_1uP_2uBC$ である。そして図から $P_1uP_2uBC > P_1uP_2uBE = P_1rP_2rMN > P_2rML$ で，都市部の消費者余剰（$- P_1uP_2uBC$）は過疎地の消費者余剰（$+ P_2rML$）より大きくなる。以上から，全体として消費者余剰が減少し，内部補助による公正上の損失が生じたと考えられる[1]。

3. 規模の経済性を前提にした補助論

上記の議論とは異なる見解もある。以下はマーク・フランケナによる説明である。まず，大部分の公共交通機関の場合，長期において1時間当たりの

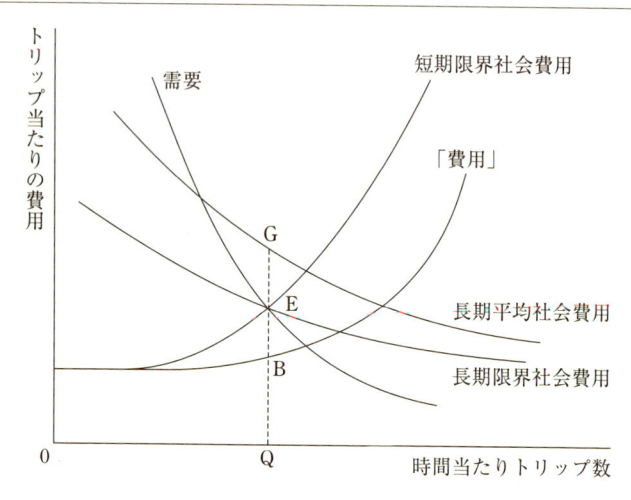

出所：マーク・フランケナ『都市交通論』勁草書房，1983年，72頁

図14　規模の経済性と補助

　乗客数が増加すると車両の稼働時間および交通サービスの頻度と密度が増加し，それゆえ，利用者にとって1トリップ当たりの待ち時間と歩行時間は減少する。そして，フランケナは，通常のバスの運行についても規模の経済が働くことの主要な理由は，1トリップ当たりの利用者の待ち時間と歩行時間が減少することにあるとする。したがって，これまで多くの研究がしてきたように，バス会社が負担する費用分析だけでは規模の経済が存在するかどうかをテストすることはできないという。

　資源を公共交通機関と他の用途との間で効率的に配分するという目的のためには，トリップの長期限界社会費用を支払う意思のあるすべての人々が公共交通機関を利用することが必要である。効率的なトリップ数は，トリップの需要曲線と長期限界社会費用曲線とが交差する点において決定される。図14の需要曲線についてみれば効率的な資源配分を達成するためには1時間当たりのトリップ数がOQに相当することが必要とされる。公共交通機関の場合，通路の規模も車両サービス時間もOQのトリップを生産するための長期総社会費用が最小化されるように調整されるならば，長期限界費用曲線と需要曲線の交点で短期限界社会費用曲線と長期限界社会費用曲線と交わるこ

とになる。公共交通機関の1トリップ当たりの短期限界社会的費用には①最後に乗った人の交通時間の価値と，②1人余分に乗ることによって他の乗客に課せられる限界混雑費用を加えたものが含まれる。

　もし，個々の乗客の観点に立ち，したがって他の乗客に課せられる限界混雑費用を無視するならば，公共交通機関の乗客が1トリップに要する時間の価値を各乗客数の水準に応じてはかることができる。この私的な時間費用（運賃は含まれていない）は，図14では「費用」と名付けられている曲線によって表されている。

　以上の分析から交通施設の効率的な利用を達成するためには需要曲線と短期限界社会費用曲線が交わるような交通水準において，最終単位のトリップによって生じた限界混雑費用（図14における「費用」曲線と短期限界社会費用曲線との間の距離）に等しい運賃を課す必要がある。この場合，適切な運賃はBEで示される。もし，このような運賃が設定され1時間当たりのトリップ数が0Qならば，資源配分は効率的である。トリップ数0Qに対して運賃BEが適用されると1時間当たり収入は，0QとBEの積によって表される。

　さて，今度は，公共交通機関における運賃収入と通路および車両の供給費用とを比較しなければならない。図14においてQGは，トリップ数が0Qのときの1トリップ当たりの長期平均社会費用を示している。QBは，長期平均社会費用のうち個々の利用者が交通時間の価値という形で負担する部分である。QG − QBすなわちBGは，公共交通システムそれ自体が負担する1トリップ当たりの費用である。そして，0Qのトリップを供給する際に，公共交通機関が負担する1時間当たりの総費用は，0QとBGの積で表すことができる。公共交通機関の運賃収入と費用を比較すると，費用のほうが，1時間当たり0QとEG（EG = BG − BE）の積で表される分だけ収入より多い。

　公共交通機関に規模の経済が働く場合，資源を公共交通機関と他の用途との間で効率的に配分するには，公共交通機関に補助が与えられる場合のみであるということになる。もし，公共交通機関が独立採算をとることを要求されるのであれば，BEより高い運賃が課されることになり，0Qを下回るトリップしか発生しないことになる。これは非効率である。

しかし，フランケナは以下のように必ずしも補助に固執しない。すなわち，効率の観点からすると補助がありうるが，政治的な制約によって補助は困難な場合が多いからである。

その場合の料金論として，大きく効率を損なうことなく同程度の収入を得る方法として，二部料金制度が考えられるとする。すなわち，1カ月ごとあるいは1年ごとの会員証を購入するとともに，利用の度に運賃を支払う。運賃はこの場合，限界社会費用および収益等の次善の考慮をした効率的な水準に設定できるであろう。会員証の価格は公共交通機関の予想される赤字額を埋めるに足る収入を上げるものであればどのような水準にでも設定できる。

メリットとしては，いったん会員証を買ってしまえば，人々が公共交通機関を利用する回数は，利用の度に追加的に支払わなければならない価格によって効率的なものとなる。これに比べ，運賃を効率的な水準以上に上げると，人々は効率的な利用回数より少ない回数しか利用しないことになる。デメリットとしては，会員証が必要であるとすると，自家用車に移ってしまう人がいるかもしれない。また，全くトリップをやめる人もいるかもしれないし，管理費用がかかるという問題もある[2]。

なお，サベージによると，規模の経済性を前提にして内部補助がよい場合もあるとする。すなわち，バスが1時間に1台であると運行費用のほとんどは固定費用で，追加の乗客を運ぶ限界運行費用はゼロに近い。平均費用は乗客数が増大するにつれて低下する。しかし，1時間に2台必要とする程度に乗客が増えると平均費用は上昇する。そしてまた減少する（ルートに密度の経済があり，個々のルートに自然独占的要素がある）。図15において，P = P_1，Q = Q_1 とすると損失 $cdep_1$ が発生し，商業的には経営困難である。しかし，aep_1 という消費者余剰を得る。aep_1 ＞ $cdep_1$ ならば，すなわち，acb＞bde ならば存続する必要があり，内部補助または外部補助が必要となる。しかし，どちらが好ましいかはケース・バイ・ケースであり，行政費用が大きい場合は内部補助が良い場合もあるとする[3]。

以上のような議論が存在しているのであるが，現実には自動車の普及によって内部補助自体が困難となってきた。

そこで以下は，わが国の乗合バス自由化を前にしてイギリスのローカル・

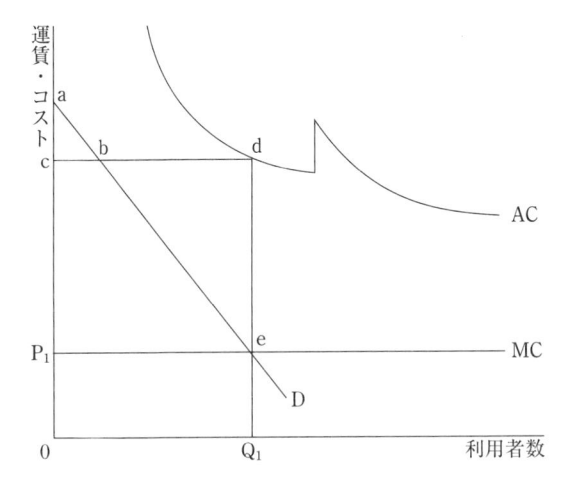

出所：I. Savage (1993) "Deregulation and Privatization of Britain's Local Bus Industry", *Journal of Regulatory Economics*, Vol.5, p.145.

図15　平均費用費用逓減と内部補助

バス（路線バス）の自由化とその結果をまとめたものである。

4. イギリスのローカル・バス自由化

イギリスでは1986年バスの規制緩和までは政府・自治体がバスを所有し，参入規制，運賃規制が行われ，多額の補助金も存在していた。バス事業者の構成はおよそ以下のようになっていた。

第1に，公的所有の巨大バス・グループの存在である。イングランドとウエールズにはナショナル・バス・カンパニー（National Bus Company：NBC），イングランド北部にはスコティッシュ・バス・カンパニー（Scottish Bus Company：SBC）が存在していた。これらのバス・グループはロンドン以外のローカル・バスの運行数の半分以上を運行していた。第2に，7つのメトロポリタンエリアにそれぞれパブリック・トランスポート・カンパニー（Public Transport Company：PTC）が存在していた。これらはパブリック・トランスポート・イグジェクティヴ（Public Transport Executive：PTE）によって所有されていた。このPTEはさらにローカル・カウンティ・カウンシル（Local

County Council：LCC) の管理下にあった。PTE はエリア内のバス・サービスの運行に責任を持ち，PTC はロンドン以外のローカル・バス運行数の約15％を運行していた。第3に，大都市圏以外の県または地方の県 (Shire County) の中の44の都市において自治体バス会社 (Municipal Bus Company) が存在し，ローカル・バスの12％を運行していた。以上でバス全体の約80％になる。第4に，残余のバスを運行する小さな民間バス会社が存在し，人口が低密度のルーラルエリア内の商業路線の運行またはメトロポリタンエリア内で補助金を受けてバス・サービスを運行していた。

このようにイギリスのバス会社は1984年までは全体として規制され，公的規制下にあった[4]。

ところが，1984年6月，単に「バス」(*Buses*, Cmnd 9300, London：HMSO) と名付けられた白書が政府によって発表され，1985年にイギリス交通法 (British Transport Act) が成立し，同法は1986年10月26日から施行された。白書が従来の制度下で主として問題としたのは事業者間における費用と効率の格差が大きいこと，および内部補助の問題であった。そして以下で述べるようにバス市場は競争によって効率が向上するとした。

ピーター・ホワイトによると白書にしたがって交通法で採用された主なものは以下の通りである[5]。

(a) ロンドンならびに北アイルランドを除いて，免許制度はなくなり，事業者は，どのサービスを「商業的」に運行すべきかを決定し，運賃も自由に決定できる。ただし，それらを少なくとも6週間 (42日間) 以内に前もって登録することが要請される。

(b) それゆえバス事業者は，すべてのニーズに応じる必要はない。そのため，例えば，人口が低密度のルーラルエリアでは，地方当局はエリア内で必要と思われるサービスに関して競争入札 (competitive tendering) を行い，サービスを維持する権限が与えられた。地方当局 (通常はカウンティまたはリージョン) はカヴァーされるべき路線と時刻表を明記し，運行のために入札を行う。これは，1つの路線のサービス全体ではなく，商業的運行に合わない1日または1週間の特定の時間帯に該当するものが多い (特に，早朝，夜間，日曜日)。現実には，規制緩和された地域のバス運行距離の85％は商業的に

登録され,残りの 15 % が入札であった。この比率は,規制緩和後の最初の 1 年目以来ほとんど変化していない。

(c) 地方当局は割引運賃を導入する権限がある。割引のほとんどは高齢者と身体障害者に関連するものであり,前者は,しばしば,ピーク時以外に適用され,したがって,増車といったキャパシティ・コストの発生はほとんどない。1984 年の白書によって学校児童も割引運賃の対象となった。地方当局がそうした運賃を導入したい場合には補助金が提供される。もっとも,割引による公共支出のほとんどは高齢者に関するものである。

(d) これまではバス事業者が「儲からない」サービスを運行する場合,「収益のある」路線に免許を与え,内部補助を認めてきたが,それは不可能となった。

(e) 公的所有バス会社は別々の会社として再編された。ナショナル・バス・カンパニー(NBC)は民営化され,子会社であるリージョナル・バス・カンパニーも売却された。その後,1989 年交通法(スコットランド)によって,スコティシュ・バス・グループ(SBG)にも適用された。メトロポリタンエリアでは PTE と PTC が分離した。言い換えると PTC は独立し,経営的自立を求められた。民間セクターに売却される必要はなかったが,1991 年までにそのうちの 2 つが売却された。

(f) ロンドンは,1985 年の交通法の規定は適用されない。すなわち,ロンドンでは 1 年前の 1984 年のロンドン地域交通法(London Regional Transport Act)によって,「商業」と「社会的に必要」(socially necessary)という概念的な区別をせずに,サービスの競争入札が導入された。

5. ローカル・バスの規制緩和の評価

規制緩和をもたらした「バス」白書の内容は,①規制緩和は競争的な市場をもたらす,②競争はコストの低下をもたらす,③競争市場は資源の配分を改善する,というものであった。この白書については多くの論争が生じ,リーズ大学のギリアム,マッキー,ナッシュらはこれらの考え方の全てを否定し[6],グレイスター,ビーズリーらは規制緩和に賛成した[7]。

その後，10年後のバス市場を前提に，リーズ大学のプレストン，マッキーらは，規制緩和の結果を以下のように整理した[8]。異なる整理の仕方もあろうが，客観的に整理されているように思われるので，彼らの議論を紹介する。彼らは市場構造と市場行動にわけて分析している。

5.1 市場構造

(1) コンテスタビリティ（競争可能性）

ビーズリーらは，バス事業はコンテスタブル（競争可能）であり，規制という障害がなくなれば，参入・退出に対する経済的な障害は低いとした。埋没費用（サンクコスト）は小さく，主要な資産（バス）は埋没費用というよりも固定費である。技術は簡単であり，最小効率規模は市場規模に比べて小さい。その結果，独立事業者が多く存在すれば競争が可能とした。

しかし，プレストンらは重要な障害は制度的なものではなく経済的なものであるとする。第1にスタッフの獲得・訓練，マーケティング・コスト，一般の人々がサービスについて学習する期間の長さといった市場参入のためのサンクコストがある。第2に既存業者のもっている経験の経済性というものがある。新規参入者はこの点で既存業者に太刀打ちできないとする。要するに参入障壁は存在するという。第3に，42日の登録期間内においても，新規参入者に対する既存業者の反応は速く，利益を上げることのできるヒット・アンド・ランは困難である。したがって，バスは不完全コンテスタブルであるという。

しかし，不完全コンテスタブル市場にも参入がなかったわけではなく，そのパターンには，以下のようなものがある。

(2) 参入行動

(2a) ミステイク

収益機会が存在しない，または参入前には存在していたが参入後の市場条件のためになくなった収益機会の存在を参入者が信じている場合である。それは既存業者による略奪と関係するかもしれないし，そうでない場合もある。

(2 b) 既存業者が非効率的である場合

既存業者の経営が非効率であるため新規参入がなされることがある。

(2 c) 既存業者に取って代わる場合

歴史的な理由で競争力のない既存業者が新しい参入者に入れ替えられる場合がある。

(2 d) ニッチ・マーケット

既存業者の独占的な地域において地理的な理由で競争力がない地域がある場合，その地域の企業の新規参入がありうる。

(2 e) 戦略的行動

地理的な参入が仕返し的な参入をもたらすことがある。例えば，カルダイル・グループは新しく作った子会社シェフィールド・アンド・ディストリクトを利用してシェフィールドの入札市場に参入したが，本拠地のあるウェイクフィールドで，サウスヨークシャー・トランスポートの支援を受けた新会社コンパス・バスの参入を受けた。

(3) 既存業者の行動

しかし，参入はどちらかというと一般的でなく，規制緩和後の 10 年間でバス路線の約 10 % で競争がなされたにすぎない。その要因は既存業者が以下のような方法で参入阻止戦略を行ったからである。

(3 a) 費用低減努力

賃金，労働条件の交渉，コストがコントロールできないと競争が困難になる。

(3 b) 競争の恐れに対する先制的な対応

ミニバス（16 座席以下）の参入を遅らせるためにミニバスを買収したりする。

(3 c) サービス

競争の恐れは価格よりサービス面での競争ある。なお，イギリスのバスのサービス競争は時刻表を改訂し，他社よりも少しでも始発の時間を早くするというものが中心であった。

(3 d) 運賃水準

競争では運賃はサービスほど重要ではない。というのは，運賃競争は破壊

的なゲームになり，徐々に同じ水準になる。その結果，最適な運賃／サービスよりも高くなることがある。

(3e) 運賃構造

ネットワークをもちブランドのある事業者の切符やトラベル・カードは魅力的である。

(4) イノベーション

イノベーションとしてミニバスが増えたことである。しかし，徐々にミニバスは減少しミディバス (17-25座席) が増えた。これはマンチェスターのビーライン社の大規模なミニバス参入や，逆に既存業者の参入阻止戦略としてミニバスが導入された。しかし，これは消費者にとって有益なものであった。

重要なことはミニバスと在来の大型バスの競争は起こらなかったことである。これはむしろ途上国で起こっている。すなわち，車の保有率が少ないとともに，在来バスのサービスの質が著しく低い，待ち時間が長い，混雑，運賃が十分規制されていないといったところで発生している。北京，ジャカルタ，バンコクといったバスとタクシーのギャップをミニバスで埋めている。

イギリスでは大型バスとミニバスのサービスの差は少ない。そのため人々は最初に来たバスに乗る。既存企業は，人口が低密度の所でミニバスを使い，高密度の所でミニバスの参入を不可能にするような運賃水準を維持することで，サービスの質の差に基づく参入を阻止した。

以上から，全体的に既存業者はミニバスの参入を阻止することに成功した。

(5) 合併

プレストンらは，白書が予想していなかったことの1つが合併であり，1994年までにバス産業は6つの大きな企業に再編された（現在は5つ）。再編のプロセスはいくつかのパターンがあるが，それまでのNBCあるいは自治体バスが経営権の委譲（MBO：Management Buy Out）または雇用者の株式所有プログラム（ESOP：Employee Share Ownership Programme）によって買収され，その後，大きなバスグループに再び売却されるという形をとっている。

5.2 市場行動

規制緩和が市場行動にいかなる影響を与えたかといっても容易ではない。1つには時間経過の問題，1つは規制緩和政策のパッケージにかかわる問題がある。すなわち民営化，補助金の撤回，免許制度の廃止，競争的入札の導入等を個別に検討する必要がある。

プレストンとマッキーらは，白書にしたがって，運行費用の低下，補助金の減少，運賃の低下，バス運行距離の上昇，乗客の増大等を検討している。

(1) 運行費用

ロンドン以外でバス運行距離当たりの平均費用が低下した。かつてのNBCのバスの運行費用低下はさほどではないが，PTEのバスの運行費用低下はかなりのものがある。その要因は競争の圧力によるもので，民営化が費用効率を高めたといえる。入札による市場では競争に対する恐れがあった。しかし，労働市場の停滞，燃料費の低下なども費用低下の1つの要因であり，コスト低下が長期的なものかどうかは不明である。

(2) サービス水準

バスの平均運行距離の増大が見られた。しかし，時間的空間的な相違があり，郊外やルーラル・サービスあるいは土曜日，日曜日のサービスは地方自治体の補助政策に左右されるという側面もある。

(3) 運賃

規制緩和後の運行費用の低下は補助金のカット，運行距離数の増大によって相殺され，実質運賃は上昇した。運賃上昇のパターンはそれまでの補助金額を反映しており，メトロポリタン地域，サウスヨークシャー，マージーサイドにおいて著しく上昇した。その他のカウンティではそれほど上昇していない。

運行費用の低下と内部補助の排除は商業路線の運賃低下や多様化をもたらさず，正規運賃が一般的である。その理由として2つのことが考えられる。

①運賃は一般化費用（運賃以外に時間費用を含む）の一部に過ぎない。そして，価格に敏感な一部の人々（高齢者，子供）に対しては割引運賃がある，②運賃競争は破壊的になりやすい。

したがって新規事業社の参入後は運賃競争よりサービス競争が一般的である。このことが運賃の低下よりサービスが向上した理由である。

(4) 顧客

年間2％の割合で乗客が減少している。理由としては以下のようなことが考えられるとする。

① バス産業は衰退しつつある。利用者の中心である老人，子供が今後も少なくなる。

② サービス弾力性は小さい。したがってバス運行距離の増大は空費されている。

③ 不十分な情報，路線の変更による利用者の信頼性の低下が見られる。

④ ただしロンドンでは全ての公共交通を利用できるトラベル・カードを1985年から徐々に導入し，これが利用者を引きとめている要因の1つであると考えられる。

最後に表9はバス市場における変化を示したものである。

5.3 規制緩和の評価と最近の動き

バス市場の80％は商業的であるが，競争は少ない。商業的市場には埋没費用があり，既存企業の反応も速く，コンテスタブルではない。これに対して入札による市場はコンテスタブルである。

特にロンドンの入札は以下のような点で好ましい。

① 潜在的または実際の競争に対して反応するよりも需要との関連でサービスレベルの適切な決定がなされる。

② したがって運賃とサービスの組み合わせが適切で，社会的便益がある。

③ 消費者にとって実質的な費用となる不安定性を阻止する。

④ トラベル・カードなどのチケットの発行やマーケティングをうながす。

⑤ 品質のモニターを行いながら，入札で実質的な競争をもたらす。

表9 バス市場における変化（1980-99 / 2000 年までの変化率，％）

	運賃	運賃収入	車キロ	乗客数	車キロ当たり運行費 [1]	割引運賃に対する補助	燃料税割戻
ロンドン	1.5	0.6	1.4	0.5	-4.4	-5.4	3.6
ロンドン以外	1.5	1.7	0.6	-2.6	-4.6	-3.0	2.8

注(1) 減価償却費を含む。インフレ調整済み。
出所：John Preston and Peter Mackie (2003) Bus Regulation – from Workhouse to Thoroughbred. In Julian Hine and John Preston (eds.) *Integrated Future and Transport Choices*, Ashagte, pp.227-229 から作成。

⑥ 政府の政策変化に即座に対応できる。

以上から，プレストンとマッキーは，白書が，①規制緩和は競争的な市場をもたらすとしたという点については，そうではなく，ギリアムが正しかった，②規制緩和は資源の配分を改善するという点についてはグレイスターらの考え方に妥当性がある，③競争市場は資源の配分を改善するとしたという点については，これは評価が難しいが，全体としてギリアムが正しいが，市場がダイナミックであることについてはグレイスターの考えが受け入れやすい，と整理した。特にミニバス，ミディバスといったサービスのイノベーションが起こり，それは規制緩和のよかったところであるとしている。

なお，ナッシュは，ローカル・バスの自由化について「賛成した者も期待したほどではないし，反対した者も思ったほど悪くないと感じた。そのため規制緩和の評価は非常に困難である」[9] と述べ，自由化の評価は容易でないことを述べている。

ところで，イギリス（イングランド，ウエールズ）では2000年にバスのサービスを改善するための交通法が成立した。この法律は，地方自治体は地方の交通計画やその地域のニーズに応じたバス戦略を策定することができるというものである。そして自治体はバス・サービス改善のために自らの意思で2つの政策を導入しうる。その1つはバス・サービスの質に関するパートナーシップ（Quality Bus Partnerships），もう1つはサービスの質に関する契約または協定（Quality Contracts）である。この2つのうち特に後者は自治体の権限の強化を狙ったものであり，再規制といってもいい。そして，こうした再規制の動きはヨーロッパ全体に共通しているといわれている[10]。

前者のバスサービスの質に関するパートナーシップは，自治体およびバス事業者はバスの運行に関するパートナーであり，それぞれの役割を果たすことでバス・サービスを改善させようとするものである。具体的には2種類のものがある。1つは，自治体がバス停，待合室などの施設の改善を行うと，バス事業者はその見返りにバス・サービスについての一定の改善を約束するというものである。これは双方に義務はなくボランタリーなものである。いまひとつは，自治体は施設の一定の改善を行うことが義務づけられるが，バス事業者もバス・サービスの一定の改善をしなければパートナーシップエリア内での運行は認められないというものである。現在，パートナーシップエリアは約380存在しているといわれている[11]。

　サービスの質に関する契約または協定は，「規制緩和の廃止であり，再規制である」[12]とされているものである。すなわち，自治体はバスルート，便数，運賃等を決定し，バス事業者はその自治体のエリア内で運行するための独占権を得るための入札をするというものである。これはいわばロンドンの入札方式といってよいものである。ただし，この方式は政策の大きな変更であることから政府の認可が必要である。そして実際に導入している自治体は2007年からシェフィールドが導入しているのみである[13]。なお，ウエストヨークシャーも導入を検討しているといわれている[14]。サービスの質に関する契約または協定の導入理由は現地の報道によるとイギリスのバス市場は5大バス事業者によって占められ，競争は存在せず，バス運賃も上昇しているからであるとされる[15]。

　これは既に述べたようにロンドンの入札方式といってもよい。これに対してグレイスターらはロンドンの入札方式が成功（バス利用者の増大）しているのは一定の理由があるとしている。すなわち，ロンドンでは，道路の混雑が激しい，人口が増大している，鉄道整備の余地がない，バスに対する補助金が増大している等によるとしている。そして，バス利用者を増大させるためにはケンブリッジのように自家用車のための駐車場を少なくするとか，駐車料金を高くするといったことがなければだめであり，規制それ自体だけでは不十分であるとしている[16]。逆に言えばバス利用者を増大させるには規制緩和にも限界があることが明確になったといえるであろう。

こうした中でこれらの議論を受けて以下ではわが国のバスの規制緩和について検討してみる。

6. わが国における規制緩和後の現状

6.1 競争は促進されたか

イギリスでは規制緩和が導入されてから20年以上経過したが，わが国でも平成14年に規制緩和が導入されてから10年経過した。当初は，競争が促進され，新規参入が期待されたが，実際にはそうでもない。

バス問題に詳しい寺田一薫氏によると，規制緩和後の日本の乗合バス市場における新規参入は多くない。原因の1つとしては制度上の問題として，規制緩和スケジュール上の問題，規制緩和の目的に合わせた事業区分見直しが行われなかったことがあるとされている。スケジュール上の問題とはタクシーの規制緩和が貸切バスより2年遅れた。このため，最終的に乗合バス事業を手がけたいと思っている経営者が最初にタクシー事業に参入し，貸切バス事業，乗合バス事業へと順番に事業転換，あるいは事業を拡大することが難しくなった。すなわち，新規参入者が最初のタクシー事業への参入を待つ間に，最初の参入先であるタクシー事業と最後の参入先である乗合バス事業の既存事業者は参入阻止行動がとれたのであるとしている。事業区分については規制緩和を行ったにもかかわらず，旧来の事業区分が完全に維持されていた。その結果，乗合バス，貸切バス，およびタクシーの境界型サービス，例えば，会員募集ツアー，貸切バスとタクシーとを融合した観光地周遊型サービス，乗合タクシー，需要対応型のデマンド・バスなどが公式に認知されなかったとしている[17]。

上記の内容は規制緩和から数年後のことであるが，制度的な見直しを行っても十分な競争が行われるかどうかは疑問であろう。表10に見られるように平成16年度から20年度にかけての事業者数の増大はわずか1社でしかない。実際には，その一方で路線の大幅な縮小がなされてきた。これは内部補助の非効率性を考えると十分予想されたことである。同じく，表10による

表10　わが国の乗合バスの経営指標

	損失額 (億円)	事業者数	輸送人員 (百万人)	実車走行キロ (百万キロ)[(1)]	従業員数 (人)[(1)]
平成16年度	625	253	4,110	1,986.1	74,412
平成20年度	604 (−3.4％)	254 (＋0.4％)	4,014 (−2.4％)	1,805.8 (−9.1％)	68,465 (−8.0％)

注(1)　公営，民営の合計．
　(2)　高速バス，定期観光バス，限定バスを除く．
　(3)　(1)は平成15年度と平成20年度の資料である．
出所：山崎寛「平成20年度乗合バス事業の「経営状況」について」『交通公論』交通公論社，平成21年10, 11月号，12-18頁から作成．

と平成15年度から20年度にかけて実車走行キロは9.1％の減少となっている．また平成16年度から20年度までの輸送人員は2.4％の減少である．そして乗合バス事業者全体の損失額は平成20年度で604億円となっているのである．

6.2　地域の対策

このようなバス路線の縮小の中で地域ではどのような対策をとっているのであろうか．以下は中国地方の広島県の事例である．例えば，広島県安芸郡の海田町では平成19年4月に「コミュニティふれあいバス」を開始している．JRの海田駅を発着点に，役場や福祉センターなど35ヵ所を回る．運行は芸陽バス（東広島市）に委託し，運賃は1乗車100円均一である．右・左回りで1日4便ずつ走らせている．平成14年度の乗客数は約5万人である．検討委員会は町と住民団体，バス事業者，地元警察署等で構成している[18]．ユニークなケースとして広島県福山市加茂町広瀬地区には地元の建設業者らの寄付金で賄う住民独自の回数券購入補助制度が存在する．市北部の広瀬地区と中心部を結ぶバスは乗客減で平成18年に廃止されたが，現在では北振バス（岡山県）が近隣の神辺町の中心部と広瀬地区間を朝，昼，夕の一日3便運行している．片道12 kmの運賃は600円である．この独自の制度はこの住民負担を軽減し，一定の利用客を確保しようと3年前から始まったものであるが，加茂町内の建設業者を中心に18社が年100万円を町内会連合会に寄付している．それを原資に住民は額面1,000円の回数券を500～700円で

連合会から買うことができる。しかし，4年目となる今年の寄付金は20万円減の80万円となった。原因は不況で経営が苦しい業者が増大したためである。このようにユニークではあるが不安定な側面をもっている。現在，不足分は町内会費等から工面するとされている[19]。

最近では，バスのなくなった団地で，地域住民自らが交通計画を検討しようとしているケースもある。例えば人口10,700人，65歳以上の高齢者が20％を占める広島市佐伯区美鈴が丘団地では，団塊の世代の退職で通勤バスの利用が減ったのに比例し，団地内を走るバスの便数は年々減少した。事態を重くみた連合町内会の有志は平成20年2月，「交通問題検討委員会」を立ち上げた。全世帯を対象にした意識調査ではバス事業者頼みの回答が多数を占める一方，自分たちの行動で打開を図るべきだとの問題意識を持つ住民も36％に達した。乗車の場所や時間を指定できるデマンド・バスの導入や路線バスのルート変更，利用促進策の検討に入るとされている[20]。こうした地域が多数存在することは想像に難くはないのであるが，交通サービスは即時財であること，派生需要であることを考えると地域住民が交通計画を立てることは容易ではない。

上記のような事例に対して，法改正などの対策が全くなされなかったわけではない。特に平成18年には道路運送法の改正によって交通空白地域に住む高齢者や障害者を自動車で有償運行することも可能となり，地域の新たな足としての期待が高まっていた。しかし，導入直後に次のような問題が指摘されてきた。

 (a) まず，以前からサービスを続けていた団体は，法人格の取得や運転協力者の有料講習，膨大な書類作成など，制度で義務づけられた条件への対応が容易でないとされている。

 (b) ドライバーに当たる運転協力者の確保もハードルの1つで移送サービスの運転手はタクシードライバーと同等の二種運転免許を必要とする。

 (c) 運行区域の利用制限の問題である。例えば高齢者の隣接市町村の医療機関への通院のために有償運行したいと思っていても，それが認可地域以外であると認可が下りない。そこで利用者から報酬をもらわなければ道路運送法に基づく認可をとる必要がないことから，あえて無料運送しているところ

もある。その原資は浜松市のNPO法人「大好き渋川」では住民有志の会費である。また，先の運行区域についてせめて隣接の病院までというNPO法人の主張に対して自治体側の答えは「最寄りのバス停」までというものがあったとされる。これなどは自治体のリーダーシップが十分発揮されず，既存事業者の既得権保護になりかねない。

(d) NPO法人や社会福祉法人などが有償運送を行う場合，各市町村が主宰し，行政関係者やタクシー事業者等で構成する運営協議会の協議で承認されることが条件となっている。しかし，こうした協議会が存在せず，認可を受けられない団体も存在している。その理由の1つとしてタクシーや市民バスがあり，移動手段は補充できているために運営協議会を設置する必要はないなどと自治体が設置要求自体を受け入れないケースもあるのである[21]。

以上，わが国ではバス路線が縮小されるともに，過疎地のみならず郊外の団地なども含めた交通空白地域の交通政策立案において自治体のリードが十分でないというのが現状であるように見える。もちろん地域によってボランタリー組織による良質なバス・サービスが導入されているところもある。しかし，第Ⅱ部第4章の交通とバリアフリーのSTSの項で述べたように地域住民，特に高齢者のためのサービスとしては十分とはいえないであろう。そうであればさしあたり自治体が事業者をリードし，住民のための柔軟な交通サービスを提供する必要がある。こうした中で国土交通省は地域住民にとって便利で効率的な地域交通ネットワークを構築するための「コミュニティバス導入に関するガイドライン」を平成21年12月に公表した。こうしたものが有効に活用されることを期待する[22]。

いずれにせよ，バスマーケットの規制・規制緩和のいずれが好ましいかという判断はナッシュが述べたように容易でない。しかし，バス利用者を増大させるためには一方で自家用自動車の適正な費用負担が重要である。

注
1) N. J. A. Douglas (1978) *Welfare Assessment of Transport Deregulation*, Gower, p.53.
2) Mark W. Frankena (1979) *Urban Transportation Economics*, Butterworth（マーク・フランケナ『都市交通論』神戸市地方自治研究会訳，勁草書房，1983年，69-86頁参照）

3) I. Savage (1993) "Deregulation and Privatization of Britain's Local Bus Industry", *Journal of Regulatory Economics*, vol.5, pp.143-158.
4) Graham Mallard and Stephen Glaister (2010) *Transport Economics*, Palgrave, p.207.
5) Peter White (1995) "Deregulation of local bus service in Great Britain: an introductory review", in *Transport Review*, Vol.15 (2), pp.185-209 参照。
6) K. M. Gilliam, C. A. Nash and P. J. Mackie (1985) "Deregulating the Bus Industry in Britain – The Case Against", *Transport Reviews*, vol.5 (2), pp.105-132.
7) M.E.Beesley and S. Glaister (1985) "Deregulating the Bus Industry in Britain- (c) A Response", *Transport Reviews*. vol.5 (2), pp.133-142.
8) P. E. Mackie and J. M. Preston (1996) *The Local Bus Market*, Avebury, pp.183-206 参照。
9) C.A. Nash (1993) "British Bus Deregulation", *The Economic Journal*, Vol. 103, No. 419, July, Blackwell Publishers, p.1048 参照。

　　もっともビーズリーは 1 ヵ月以上の登録期間の存在等の残余の規制が市場を不完全コンテスタブルにしているとした (M.E. Beesley (1991) "UK Experience with Freight and Passenger regulation, " Round Table83, *ECMT*. 参照)。

　　また, グレイスターは, 事業者の免許条件が独立事業者の参入を困難にし, そのことによって競争は思ったほどではなかったとした (Glaister, S., Starkei, D. and Thomson, D. (1990) "The Assesment; Economic Policy For Transport, " *Oxford Review of Economic Policy*, Vol.6, No.2 (グレイスター他「交通における経済政策とその評価」『修道商学』木谷直俊訳, 第 33 巻 2 号, 1993 年, 237-278 頁))。

10) Graham Mallard and Stephen Glaister (2010) *Transport Economics*, Palgrave, p.207.
11) ibid., p.207.
12) ibid., p.207.
13) 2010 年 4 月 13 日付けの Local Government Lawyer (http://www.local government lawyer.co.uk/) の記事による。
14) Metro (http://www/wymetro.com./news/releases/quality contracts/101006QCS) による。
15) 前掲の Local Government Lawyer の記事による。
16) Graham Mallard and Stephen Glaister (2010) *Transport Economics*, Palgrave, p.208.
17) 寺田一薫「バス事業への新規参入と規制緩和後に残された課題」『運輸と経済』, 第 65 巻, 第 4 号, 2005 年 4 月, 22 頁。
18) 『中国新聞』2009 年 6 月 4 日付け。
19) 『中国新聞』2009 年 5 月 24 日付け。
20) 『中国新聞』2009 年 5 月 11 日付け。
21) 『日本経済新聞』2008 年 3 月 3 日付け。
22) 山崎寛「コミュニティバス導入に関するガイドラインについて」『交通公論』交通公論社, 2010 年 2・3 月合併号, 17-21 頁。なお, 本稿完成中に『運輸と経済』運輸調査局, 2011 年 7 月号にバス問題の特集が掲載されている。関心のある人はそちらを参照されたい。

第4章　タクシー

　従来，タクシーは参入規制と料金規制が行われてきた。より具体的には，道路運送法にもとづき，参入・退出，価格，数量・設備（増車・減車），事業区域が規制されていた。運賃の種類には同一地域同一運賃を前提として距離制運賃（時間距離併用制運賃を含む），時間制運賃があった。原則として距離制運賃が適用されてきた。しかし，昭和50年代からタクシーの運賃規制等についての批判がなされ，道路運送法の改正により平成14年2月1日から自由化されることになった。しかし，現在，再び規制され，政策は紆余曲折している。以下では規制緩和への流れを振り返るとともに，規制緩和の論拠等について検討する。

1. 同一地域同一運賃への批判

　昭和50年代になって，同一地域同一運賃について法的観点から批判がなされるようになった。具体的には，昭和56年，MKタクシーが単独で値下げ申請をしたが，昭和58年に運輸省は却下した。そのため，MKタクシーは訴訟を起こし，昭和60年1月，大阪地裁は第1審において同一地域同一運賃は違法であると判決した。しかし，平成元年1月，和解が成立し，訴えが取り下げられ，同一地域同一運賃の問題は，うやむやになった。しかし，その後，三菱グループの二重運賃に関する訴訟についても平成7年の判決では，同一地域同一運賃は違法とされた。このように法的には違法とされる判決がなされていた。そこで以下では規制緩和への流れを整理してみる。

2. 規制緩和への流れ

　すでに，臨時行政調査会の最終答申に基づく昭和58年の閣議決定である「当面の行政改革の具体化方策について」にしたがって，過疎地における乗合タクシーの導入，大都市近郊における乗合タクシーのより一層の導入，タクシーの事業区域を需要の実態に応じ交通圏単位に拡大し，運賃ブロックを地域の実情に応じて見直しすること等が行われてきた。こうした規制緩和の動きに対して，運輸省は，自由化すると過当競争になって安全が脅かされる，タクシー間で客の奪い合いが生じて，消費者も混乱するといったことを指摘してきた。他方，経済企画庁は，参入規制をすると需給調整がうまくいかない。従って，業者保護につながる。自由化によって過当競争になるような場合には独占禁止法で対処し，安全も他の法律で対応できるとした。ただし，料金については，何らかの規制が必要であるとし，最高運賃規制や選択運賃制を提案してきた。その後，平成4年3月19日に第3次行政改革推進審議会の「豊かな暮らし部会」では，10年以内に参入規制廃止，料金についても廃止を含め弾力化する方向を示した。こうした動きの中で，運輸省も規制緩和の方向に転換し，平成4年5月になって，①新規参入を容易にするため地域ごとの車両台数基準を弾力的に見直す（従来実際に走らせている稼働車両数ではなく，稼働していないタクシーまで含めた在籍車両の増減を使って需給調整を行っていた。これを，稼働車両に改め，在籍車両と稼働車両の差分を使って，新規参入の道を開く），②空港のワゴン等の呼び出しタクシーの料金の自由化，しかし，③同一地域同一運賃を変えることについては，なお慎重という案を提示した。

　しかし，平成5年5月11日の運輸政策審議会は，①同一地域同一運賃を望まず，安い運賃や据置を希望する事業者の運賃は個別に判断する，②迎車，早朝予約などの料金は原則事業者ごとに設定できることにする，③事業者が保有する車両数の増加は，一定台数の範囲なら期間を限り事業者の判断により認めるという答申を示した。

　運輸政策審議会答申に基づいて運輸省は同一地域同一運賃の原則をやめ，

平成5年10月4日から東京・大阪ではタクシー運賃の多様化が認められた（業界の平均原価を用いて決める運賃を上限に個別の運賃を審査のうえ認めるというもの）。平成5年10月18日，近畿運輸局では京都のMKタクシー等3社から申請されていたタクシー運賃の暫定値下げについて，MKタクシー1社に対して平成6年1月1日から4ヵ月に限り10％の値下げを認可した。この結果，初乗りは料金は中型車で540円と480円，小型車で530円と470円の二重運賃となった。なおMKの保有車両数は435台で同地域の5％であった。

　さらに，平成8年3月，タクシー事業の参入規制が大幅に緩和された。具体的には，最低保有車両数基準を引き下げ，新しい事業者が参入しやすいようにする，営業区域規制についても広域の交通圏を増やす，新規参入を増やすことによって業界を活性化し，競争を促し，運賃・料金の弾力化につなげるというものである。これまでタクシーの増車や参入は地方運輸局が需給を算定して認可しており，最低車両数が参入規制になるが，東京や名古屋などでは30年間参入はなかった。そこで，運輸省は長期間，参入がない地域を重点に最低車両数規制を緩和することにした。具体的には東京（当時60台）のほか，名古屋，大阪市域（各30），京都市（20），仙台市（15）等が対象となった。

　営業区域規制では，これまでは区域内，区域外の内から外と，その逆の旅客輸送しかできなかったが，複数の区域をまとめた交通圏を増やし，営業区域を広域化することで営業効率を高めることにした。

　その後，平成9年3月に政府の規制緩和推進計画が発表され，運輸では，国内航空事業の参入規制緩和，タクシーの需給調整規制廃止およびゾーン運賃制（運賃のその地域の上限を決めて，それから一定の幅で自由に届出だけで運賃が決められる）の導入，乗合バスの需給調整規制廃止，自動車運転免許の有効期限延長，パック旅行のコンビニなどでの販売解禁等が示された。

　さらに，平成12年5月19日，道路運送法が改正され，すでに述べたように，タクシーの自由化が平成14年2月1日から施行されることになった。

　具体的には，新規参入や増車については，需要と供給のバランスを考慮した免許制から車庫の確保など一定の条件さえみたせば自由になった。事業の休止・廃止は認可制から届出制になった。運賃は認可制であるが，ゾーンの

3. タクシーの自由化

上記のような経緯をたどってきたタクシー自由化であるが，自由化の必要性は簡単な経済学的モデルによって以下のように説明できる。

3.1 自由化論

以下は自由化論の単純な説明であり，4つのケースを検討してみる。

(1) 参入規制，料金規制があるケース（晴れの場合）

図16において，天候は晴れを前提とした需要曲線をD_1とすると，料金はP_1，供給量はQ_1，均衡点はaとなる。

(2) 参入規制，料金規制があるケース（雨の場合）

図16において，天候は雨を前提にした需要曲線をD_2とする。ただし，料金，供給量は決まっている。つまり料金はP_1，供給量は$0Q_1$，需要量は$0Q_2$

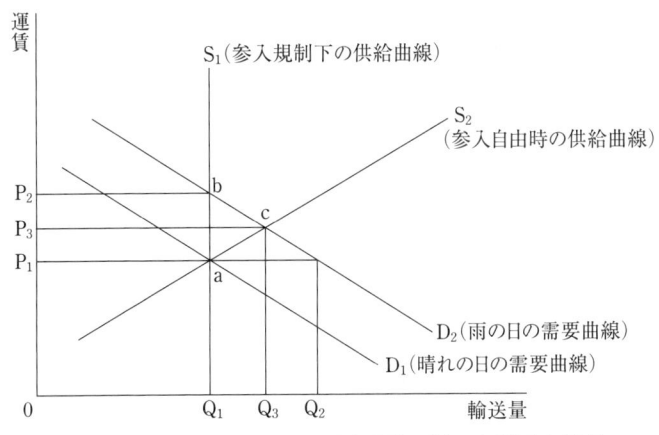

出所：原田泰，井上裕行「タクシーを経済学で考える」『運輸と経済』運輸調査局，第50巻第7号，1990年，53頁。

図16 タクシー市場

であるから，超過需要（Q_1Q_2）が発生する。結果として，白タクが発生することになり，規制の必要性が生じ，かえって費用の上昇につながることになる。

(3) 参入規制は存在するが，料金規制はないケース

この場合には，需要曲線は D_2（雨の日）とすると，需要は Q_1，料金は P_2 へ上昇する。つまり均衡点はbで，料金は上昇する。

(4) 参入規制なし，料金規制なしのケース

需要曲線は D_2 とすると，料金は P_3，供給量は Q_3 となる。供給量も増え，料金もそれほど高くない。均衡点はcである。

こうしてみると参入規制，料金規制のない場合が最も好ましい。ただし，情報の不確実性，公平の観点から上限規制は必要であろう[1]。

もっとも，この理論はシンプルに見えるのでアメリカのケースを見てみよう。

3.2 アメリカのケース

アメリカの場合，大部分が電話予約市場（telephone order market）である（多くの都市で 70～80 %，小さな都市で 90 %）。規制緩和の論拠としては，まず規制の弊害として，①規制によって運賃が上昇する，②供給量が制約される，③サービスの多くは，相乗りではなく（exclusive ride taxi：ERT），生産性を低下させている。自由化すると，相乗りタクシー（shared ride taxi：SRT）が増大し，生産性の向上につながるというものである。

そして，以下はワイナーの研究であるが，規制緩和によって以下のようなことが予想された[2]。

①産業規模が大きくなって供給量が増大する，②運賃の低下，③新しいサービスが期待されるというもので，電話予約のみならず流しにおいても同様の結果が期待されるとされた。

その結果，アトランタ等いくつかの都市において規制緩和がなされたが，規制緩和は必ずしも成功しなかった。その理由は以下のようなものであった。

① 参入・退出

個人経営または小さな企業による参入が増大した。それらはタクシースタンドやホテルでの営業に集中した。無線施設はないが，待機していれば乗客は保証されるからである。ただし，参入のための一定の条件を課している都市もあり，サクラメント，オークランド，カンザシティでは無線が必要である。また，ポートランドでは，最低常備車両として10～15台，ならびに無線および24時間サービスを要求している。そのため参入は少ない。その他，カンザシティではサービス基準がある。

② サービスレベル

応答時間（response time）についてはあまり変化はなかった。というのは，それは，無線会社によってコントロールされているタクシー数とそのタクシーに対する需要に依存しているからである。

③ 料金

全体的に高くなった。

④ 生産性

緩和しても需要はそれほど増えなかった。むしろ生産性が低下してドライバーの賃金が押さえられた。

⑤ イノベーションもなかった。相乗りも増えなかった。

こうした結果について以下のように説明されている。

① やはり自由化に関するシンプルな経済モデルでは不十分である。

② 範囲の経済性

交通では範囲の経済性があり，ネットワークを形成することが有利となる。単一企業が別々の企業によるよりもいくつかの生産ライン（始発地と目的地の間のトラベル）で一定の生産をするほうが好ましい。電話予約市場では，企業はある程度大きい方が好ましいのである。

③ 価格が低下しなかった理由としては，供給側の要因としては，(a) 規制下の独占利潤は期待されたほど大きくはなかった，(b) 電話予約市場は規制緩和によって競争的な産業構造にはならなかった，(c) タクシー産業はコストを下げる具体的な要因は少ない。需要側の要因としては，(a) タクシーに対する需要は不完全情報のもとで名前がよく知られているかどうかに依存する，(b) 需要は非弾力的である，(c) タクシーに対する1人当たりの需要

は安定している，(d) リース制の問題，すなわち，企業はドライバーに車をリースしているケースが多く，そのことが相乗りを嫌う要因となっている。相乗りが増えると車を減らす必要が出てくるが，そうなると車のリースが減少し，企業の収入が減少しうるというものである。こうした問題が存在しているとされた。

事実，アトランタでは1981年に再規制がなされた[3]。そして，アトランタの事例を見ると外国の事例や地域のおかれている前提条件の相違を無視した規制や非規制を論ずることは困難であることが理解できる。すなわち，アトランタは再規制の代表的事例として言及されることが多いのであるが，アトランタでは，自由化以前にタクシーと並んでマイノリティー居住地区に営業区域を限定された「ハイヤー」が存在していた。1960年代の公民権運動の中で，ハイヤーに一般のタクシー営業を認めよという要求が強まり，1965年ハイヤーの営業区域制限が撤廃され，また同時に，タクシーの営業台数規制が撤廃された。しかし自由化後，タクシーの質の悪化，信頼性の低下，空港やホテルなどへの集中による混乱などの問題が生じ，再規制が行われたのである。現在は，総量規制（1,600台），同一地域同一運賃（市議会が決定），厳しい運転手の資格要件といった厳しい規制が存在し，規制は警察の所管となっている[4]。

このように海外の事例は必ずしも参考になるとは限らない。そこで，以下では運賃政策上の課題について検討してみる。

4. 運賃政策上の課題

規制緩和は，通常，競争の激化を通じてサービスの低下なしに運賃水準の引き下げをしうるという論調で議論されることが多い。しかし，タクシー需要の価格弾力性は小さく，また特に大都市のように多くが流し主体のところでは情報の不完全性が大きいために，運賃競争を行うインセンティヴが事業者側に少ないことから多くを期待できないと考えられる。

もともと規制緩和の目的は，運賃水準とサービス水準の適切な組み合わせである。すなわち，①タクシーの拾いやすさ，安全性，車両の質等からなる

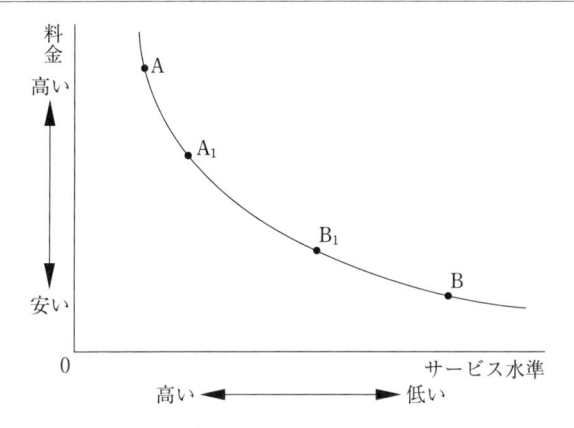

出所：公共料金研究所『新しい公共料金政策』ぎょうせい，1991年，124頁。

図17　タクシーのサービス水準と運賃水準の関係(1)

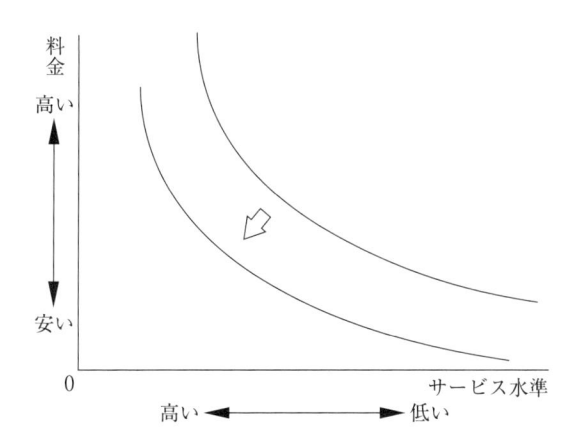

出所：図17に同じ，125頁。

図18　タクシーのサービス水準と運賃水準の関係(2)

サービスと運賃水準はトレード・オフの関係にある（図17，18参照），そして，②運賃水準とサービス水準のトレード・オフの関係を低運賃・高サービスの方向へ向ける必要がある，(c) 利用者の選択の幅を拡大させる必要がある，と考えると大都市と中小都市では政策の違いがあってもよい。

　①　大都市では，参入は自由で，最高運賃制を採用するとする。運賃を高

めにすると，参入が生じ，高運賃，過剰サービスはありうるとしている。これに対して，参入自由制と選択運賃制度であれば，車両の大きさに関係なく，Ａ運賃，Ｂ運賃，Ｃ運賃にする。利用者はタクシーを止める前に運賃の種類がわかる。情報の不完全性が小さくなり，運賃競争が活発になる。不況期には，安いＣ運賃の車量が増えるという形で需給調整ができる。現在は車両の大きさで小型，中型，大型に区分されている。

② 中小都市では，需要が減少し，供給過剰になっても地域全体の価格弾力性は小さいから料金を下げても需要は増えない。従ってタクシーだけの競争を考えるのは限界がある。乗合タクシー，深夜バスなどサービスの多様化が必要である[5]。

5. タクシーサービスの多様化

以上は主として料金問題に絞ったが，最近では多様なサービスが行われつつある。以下は，そうした新しいサービスの動きを紹介したものである。

(1) 輸送サービスの拡散

第１の動きは，タクシーの輸送サービスとしての側面を拡張しようとするものである。乗合タクシーやバスの運行，福祉・介護タクシー，小荷物の輸送などがこれにあたる。乗合タクシーやバスの運行は，バス事業者が撤退したあとのバス代行受託や主にジャンボタクシー（ワゴン車）を用いた団地乗合タクシー，深夜乗合（都市型）タクシーが従来からあった。現在では，ジャンボタクシーを用いた空港送迎の乗合タクシーが広がりつつあるほか，団地自治会と協定した形での乗合型運行など多様な形態がみられる。福祉・介護タクシーも高齢化の進行による需要の増大を見越して増加している。特殊車両の購入費などについて自治体が助成を行うようになっていること，介護保険でのタクシー利用が見込めることなどがその背景にはある。今後，地方都市，農村地域においてますますこれらの分野でのタクシーの工夫が望まれる。

(2) 個客サービス業としての展開

「個客サービス」とは，大勢の顧客に定型的なサービスを提供する，例えば鉄道やバスのようなサービスとは異なり，個々の顧客の個別的な要求にこたえていくサービスのことである。タクシーは従来から旅客輸送における個客サービスを担っていたが，機動力をもって個々の利用者の個別的な要求に応じる基盤をすでに有していることから，こうした分野へ事業を拡大する事業者も徐々に増えてきている。現在もっとも多いのは，ホームセキュリティ事業者と提携した警備・救援事業であるが，このほか病院の順番取り，買い物代行，手続き代行といった業務を行っている事業者が増えている。

(3) 本業でのサービス強化

一方，従来のタクシーサービスそれ自体を強化して他社との差別化を図り，生き残りを図ろうとするものもある。こうした動きとしては，接客の改善，無線配車の高度化，クレジットカードの導入などがある。

接客の改善では，従来のタクシーについて「接客がよくない」というイメージが強いことから，乗車・下車時のあいさつなどをきちんと行うことで他社と差別化を図ることができる。ただ，タクシー乗務員の接客の現場を管理することは容易ではないため，モニターを導入してチェックし，違反者には罰金を科すなどの手だてがとられている。無線配車の高度化は，すでに多くのタクシー事業者が積極的に取り組んでいるものの1つである。上述の情報機器の普及によって顧客が電話をしてから配車が完了するまでの時間は大幅に短縮されつつある。大都市の都心部以外では電話呼び出しによる無線配車が一般的であり，簡単にすばやく配車されることが顧客に対する差別化の手段となっている。

タクシーにおけるクレジットカードの導入は，オンライン端末を搭載できないかぎり不正カード利用を排除できないことや，カード関連機器搭載のコスト，カード処理時の手間，さらにカード手数料をだれが負担するのかという問題があるのに対して，カードを導入しても乗客が増えるのか，従来の乗客がカード利用に転換するだけではないのかという疑問もあったことから一部地域をのぞき進んでこなかった。しかし，現実に社会のカード化が進行し

ており，また顧客の側からは小銭の用意の必要がないなどの理由からカード導入は歓迎されている。カード車載機についても不正利用を削減するため，現在では車載機の顧客データを毎日更新できるシステムが開発されている[6]。

6. 残された課題

このように近年では多様なサービスが展開されつつあるが，交通経済学者である岡野行秀氏はかつてタクシーの規制について厳しい批判をされていた。すなわち，第1に，交通運輸に限らず，すべての被規制産業の経営者は視野狭窄症にかかる。規制は企業の行動に一定の枠をはめるので，経営者が実際に採用できる経営戦略の範囲を狭める。タクシーの同一地域同一運賃もその例で，運賃を柔軟に変えることはできない。経営者は許された範囲内での経営戦略しか考えなくなり，視野が極めて狭くなる。第2に，経営者は産業（業界）のパイの大きさが一定であるかのように思い込み，そのパイを守ることに腐心し，積極的にパイを大きくする意欲に欠ける。創造性に富み，パイを大きくする意欲をもつ経営者は，視野狭窄症にかからず，採用可能な経営戦略の範囲を制限する規制を桎梏と感じ，規制の廃止ないし緩和を主張する。残念なことにこれまでこのような経営者は「業界の秩序」を乱す異端者として「いじめ」にあってきたとされている[7]。

こうした批判もあってタクシーの規制緩和がなされたのであるが，タクシー業界においては平成20年からの急激な不況のもと，タクシー台数の供給過剰が発生し，結果として，タクシー労働者の雇用条件が悪化した。そのため，平成21年から再規制されることになった。これについては，本来は業界の経営悪化や雇用条件の悪化が自由化によるものか不況によるものかの峻別をし，検討すべきであろう。同様のことを経済学者の岩田規久男氏も述べている[8]。航空の場合には，自由化の論拠としてコンテスタブル・マーケットの理論が適用されたが,結果においては必ずしもコンテスタブル・マーケットの理論は当てはまらないとされた。しかし，航空における当初の企業倒産等についても景気による影響と規制緩和による影響を峻別した研究（カウンターファクチャル・アナリシス）等も行われ，規制よりも規制緩和がベター

であるという考え方が一般的となっている。その一方でタクシーの場合には規制・再規制について経済学的論拠は必ずしも一律ではないのも事実である。実際，頻度の経済性を理由に政策的介入を正当化できる可能性があるとする説もある。すなわち，タクシー車両数の増大は頻度の外部性をもたらすので車両数を増加させるような補助金が資源配分を改善するとし，日本のような参入規制による車両数の制限は，逆に資源配分を悪化させる可能性が大きいというのである。このような議論は再規制というよりは補助を前提とした規制緩和論であるといえよう[9]。

しかし，規制緩和のもとで低料金を維持し，好評を得ているタクシー会社も存在している。その意味では規制緩和のほうがベターであるとも言える。ただ，平成21年の再規制は経済政策というより急激な不況を前提とした労働者の雇用条件の悪化に対する社会政策的な観点も見られるので，今後，再度，多様な視点から見直しを行うべきであろう。

注
1) 原田泰，井上裕行「タクシーを経済学で考える」『運輸と経済』運輸調査局，第50巻，第7号，1990年7月，50-54頁。
2) E. Weiner (1999) *Urban Transportation Planning in the United States*, Praeger, pp.37-56.
3) 伊藤元重編著『日本のサービス価格はどう決まるのか』NTT出版，1998年，168頁。
4) 同上，168頁。
5) 公共料金研究会編『新しい公共料金政策』ぎょうせい，1991年，103-131頁。
6) 近藤宏一「タクシーサービスの多様化と今後の課題」『運輸と経済』運輸調査局，第62巻，第2号，2002年，51-57頁。
7) 岡野行秀「規制頼りの業界に競争を」『日本経済新聞』1993年9月13日付け，参照。
8) 岩田規久男『「小さな政府」を問いなおす』ちくま新書，2006年，249頁。
なお，供給過剰の原因を不況に求めるのではなく，自由化を前提として事業者がシェア争いを行っているからであるとする見方もある。
9) 金本良嗣『都市経済学』東洋経済新報社，1997年，295頁。

終　章　都市と交通

　以上,自動車交通および公共交通の個別の問題を検討してきたのであるが,ここでは,欧米の都市交通の歴史と現状の議論を前提としながら大都市への一極集中問題と本著の主要テーマの1つである都市における自動車と公共交通の「バランス」問題について検討する。

1. 巨大都市の生成と土地利用

　まず,都市が提供する多様な就職機会や文化的施設は人々を都市に引きつける。しかし,人口の集中はプラスの外部効果とマイナスの外部効果をもっている。そのことを図で説明すると以下のようになる。図19において曲線

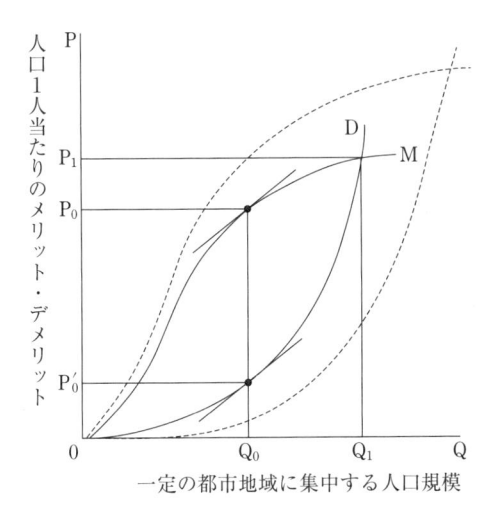

出所：正村公宏『経済政策論』東洋経済新報社,1990年,239頁

図19　集中のメリットとデメリット

Mは都市の規模人口が拡大するにつれて人口1人当たりの集中のメリット（例えば所得の増大）の変化を示している。曲線Dはデメリット（住宅難，通勤地獄，交通渋滞，混雑，環境汚染）を示している。

都市の規模が大きくなるにつれて集中のメリットは増加する。しかし，少なくとも人口がある規模を超えると人口1単位の増加ごとの集中のメリットの増加（限界利益）は逓減する。集中のデメリットは，最初はゆっくりと，やがては急速に増加する。人口1単位の増加ごとの集中のデメリットの増加（限界不利益）は逓増する。やがてデメリットがメリットを上回るようになる。人口1人当たりの純利益が最大になるのは限界利益と限界不利益（曲線Mと曲線Dの勾配）が同じになるQ_0である。そしてこのQ_0が最適規模である。その時のメリットはP_0，デメリットはP'_0である。Q_1を超えるとデメリットがメリットより大きい。ネットの利益はマイナスになる。そこが膨張の限界である。

現実には集中のデメリットが増加しても都市は膨張しつづける可能性が大きい。集中のメリットの主要部分は市場的外部効果であり，デメリットの主要部分は非市場的な外部効果である。市場原理が都市膨張を自動的に抑制することは期待できず，都市は過大になる。一般的にデメリットを認識してもメリットが大きいため，デメリットは取るに足らないと考える傾向があるからである。

ネットのメリットが低下し始めても人々がさまざまなデメリットに耐えている間，都市は膨張し続ける。また，巨大都市のネットのメリットが他の地方のネットのメリットより大きいと考えている間は，都市は膨張する。巨大都市に住んでいる人々も集中のデメリットを感じながらも他の地方に移転することの有形・無形の費用と不安が大きければ巨大都市圏を抜け出さない。巨大都市圏はそこで生活する人々に対して拘束力を持っているといえる。

一般的に巨大都市圏への人口集中にともなって発生する社会問題の1つは土地問題である。都市の土地の供給が限られているのに商業用地や住宅用地に対する需要が急増するために土地価格が高騰する。

そこで，図20は，都市の商業用地（ビジネス用地）と住宅用地の需要曲線を示したものである。BBは商業用地の需要曲線，HHは住宅地の需要曲

線である。ここで単純化のために地代は都心からの距離に比例して低下するものとする。また，それは直線であるとする。商業用地としては都心の価値が特に高い。ビジネスのためには都心に立地することが集中のプラスの外部効果を吸収するために特に重要な意味を持つ。それだけに，都心から離れると商業用地としての価値は急速に低下する。従って，BB の勾配の絶対値は高い。住宅地としても都心の価値は高いが，郊外の住宅用地の価値との差はあまり大きくない。通勤にはそのための費用と時間がかかるが，郊外の土地でも住宅用地としては十分に利用できる。都心は住宅用地としては利便性と引き換えに生活環境や快適性をある程度まで犠牲にしなければならない。そこで，曲線 HH の勾配の絶対値は BB のそれよりはるかに小さい。

上記のモデルは商業用地と住宅用地の地代の分析にも利用できる。このモデルでは L_0 までは商業用地となる。商業用地を求める企業に対する地代があまりにも高いために，L_0 の点よりも都心に近い土地は住宅用地としては使えないからである。都市計画による用途指定の規制がなくても経済的な仕組みにより，L_0 を境界に都心側は商業専用地，郊外側は住宅専用地という区分が形成される。そして，その境界線上の土地の地代は R_0 である。経済が発達すると，商業用地の需要曲線はシフトする。そうすると，住宅用地の

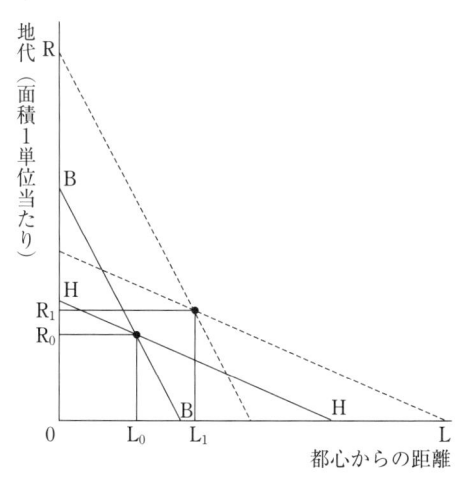

出所：図19に同じ，243頁

図20　商業用地と住宅用地の地代

不足，人口の増大が生じ，住宅用需要曲線も右にシフトする。商業用地と住宅用地の境界は L_1 へ移る。遠くなったが，地代は R_1 へシフトする。こうして人々の住宅はますます郊外に立地するようになる。

　これは市場メカニズムが土地においても働いていることを示す。わが国には市街地を住宅・商業・工業など複数の用途に区分する用途地域制もあるが，従来，規制が十分でなく，結果的に市場メカニズムに基づいた土地利用になっている。

　土地や建物が市場メカニズムのもとで取引されるのに対して社会資本は政治プロセスで提供されるために，両者がバランスよく整備される保証はない。実際，最近では東京などでは都心部における巨大マンションの建設によって小学校が不足している。したがって，望ましい都市構造を実現するためには，市場メカニズムに一定のコントロールを加えることが重要となる[1]。

　都市の過密対策のためには上記のような都市の改造といま1つは，巨大都市への人口の集中そのものに歯止めをかける国土計画をつくることである。農山村から流出する人々の多くを地方中枢都市が受け止めうるような人口の流れを作り出すことができれば，過密化の防止は可能である。さらに，一極集中を排除するためには，政治と行政の分権・自治によって地方に有力な政治行政の中核を作る必要がある。そのためには，やはり東京を経由しない国際化の条件を整備すべきであり，地方都市の情報，交通，住宅，環境対策やビジネスなどの国際交流が重要となる[2]。

　このような議論は人口論における効率の観点からも正当化される場合もある。

2. 人口移動の理論

　まず，地方分散のためにインフラを整備しても人が東京に集まるのは，人口移動の理論でも説明できる。図21において人口の総計はABで固定し，A地域の人口はA点から右に計り，B地域の人口はB点から左に計るとする。A地域は大都市圏，B地域は地方圏である。A地域とB地域のそれぞれの効用水準を U_A, U_B とする。効用曲線 U_A, U_B は，逆U字形になる。というのは，

初めは，規模の経済，集積の利益などによって効用水準が上昇するが，徐々に規模の不経済等が発生するためである。

初期のA地域の人口はAN_0，B地域の人口はBN_0とする。この時，地域Aの効用水準＞地域Bの効用水準なので，B地域からA地域への人口移動が発生する。人口移動は効用水準が同じ高さの所まで発生し，A地域の人口はAN^*，B地域の人口はBN^*となる。

そこで，人口集中を避けるには，効用曲線U_Aを下方にシフトさせるとよい。すなわち，図22において大都市から地方への所得移転によって地方に適切な公共投資や公共サービスを行い，地域Aの効用曲線を$U_{A'}$のように下方にシフトさせ，地域Bの効用曲線を$U_{B'}$のように上方にシフトさせれば，均衡点は初期の人口N_0にほとんど変わらない$N^{*\prime}$とすることができる。

実際そのような政策が，例えば，都市の税金や旧国鉄料金，高速料金等によってなされてきた。しかし，分散はうまく行われなかった。これについてはいろんな見方がありうる。例えば，①政策は正しかったが，不十分であった，②政策は誤っていたと，考えることである，すなわちこれまでの政策は効用曲線U_Bを有効に上方へシフトさせるものではなかったとして，③発想を変える（なぜ，地方から移動しない人々に都市と同じ生活レベルを保証しなければならないのか，大都市から地方へ所得移転をやめ自由な人口移動にまかすのも1つの方法である），といった見方もありうる。

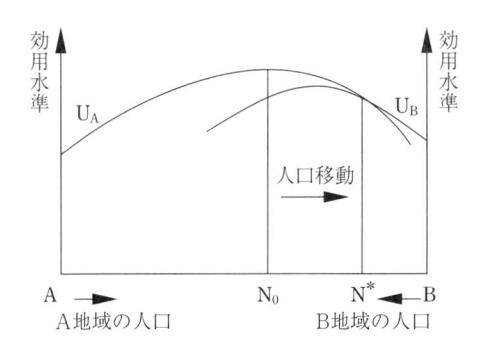

出所：原田泰，井上裕行「地域経済と交通」『運輸と経済』
運輸調査局，第50巻第6号，51頁

図21 人口移動の理論

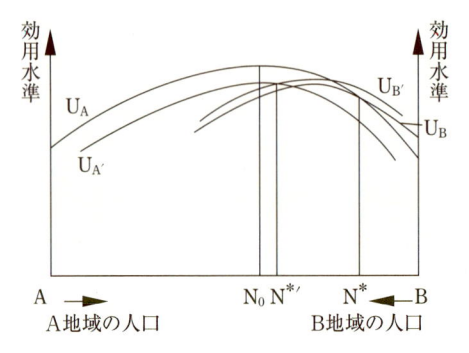

図22 地方分散政策の考え方 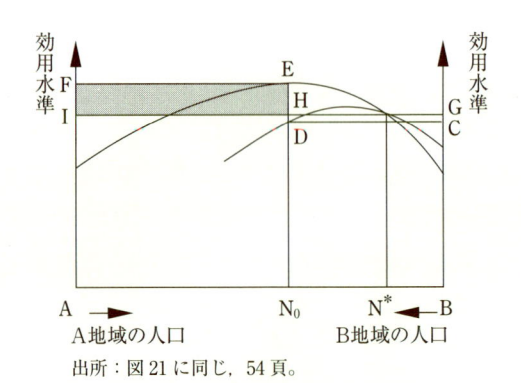
出所：図21に同じ，52頁．

図23 地方への所得移転が正当化されるケース
出所：図21に同じ，54頁．

しかし，効率の観点から，大都市は地方を援助すべきだとする考え方も成立する．それは「低い効用水準の罠」といわれている．

まず，図23において初期の効用水準がどうなっているかをもう一度みてみよう．初期の状態では，A地域に住む人々全体の効用はAN_0EF（1人平均$EN_0 \times AN_0$），B地域に住む人々全体の効用はN_0BCD（1人平均$DN_0 \times BN_0$）である（異なった人々の効用水準を加えることができるものとする）．すなわち，A地域の効用とB地域の効用は$AN_0EF + N_0BCD$である．一方，人々が均衡状態に達した後のA地域とB地域に住む人々の効用はABGIである．その場合，$AN_0EF + N_0BCD > ABGI$ならば，所得移転によって人口移動を

抑えることが日本全体として望ましい。また，図から，この条件は，IHEF > DCGH と同じである。すなわち，大都市の集積の不利益が大きく，地方の集積の利益が大きいか，集積の不利益が生じない場合には，大都市は地方に援助すべきだという議論が効率論からも考えられうる[2]。

ただし，これはそうなる可能性があることを示しているだけで，現実の状況がそうであることを意味していない。こうした議論を展開してきたエコノミストの原田豊，井上裕行氏によると，現実には補助金システムが硬直化するなど，地方の公共投資が非効率的に行われてきたことが効用水準を上げることのできなかった理由であるとしている[3]。

なお，地域経済の専門家である伊藤敏安氏はバブル経済崩壊後のわが国全体の経済は，地域格差の拡大に作用していると指摘したうえで，「『都市対地方』の問題を『国対地方』の問題に昇華させながら，地方自立のための方途をそれぞれが自ら講じていくという姿勢が重要である。その意味では，都市も地方の一部である。……国が地方を差配するという形態ではなく，地方——もちろん都市も含めて——相互の競争と協調のもとで，より富めるところからそうでないところへ，ナショナル・ミニマム達成のために不足する財源を水平に移転するような仕組みについて工夫していく必要があろう」[4]としている。

そこで以下では，そうしたことを前提にしたうえで都市の再生を考えるために，都心部衰退問題と交通問題を取り上げる。

3. 都心部再生と交通

プーカーらによって指摘されるように，ヨーロッパなどの先進国の主要都市では中心部から人口が流出することによって，①都心部に高齢者・貧困者等の残存，②失業問題等が発生し，インナー・シティの再開発が課題となっている。ここでは，バットンによって都市の拡散と公共交通の関係について検討する。

まず都市の拡散の原因は，都市計画，ライフスタイルの変化など複雑であるが，安くて良質な公共交通は都市の拡散をもたらす。他方，交通制限政策

は都心に経済活動を集中させる。しかし,これは都市業務地区(CBD)が1つの場合であり,競争的な郊外の都市地域の存在を前提としていない。通常は道路で接続された郊外の都市地域をもつ都心業務地区を前提にするのが一般的である。そこで図24においてCBDには良質の公共交通があり,Bマイル離れたところからは人々がバスで労働のために通勤するものとする。労働者は雇用または居住地域の選択について以下の3つのうちの1つを選択するものとする。

①直接的な通勤エリア(半径B)内に住み,CBDへバスで通勤する,②直接的な通勤エリア(半径B)外に住み,CBDへ車で通勤する,③車で郊外の都市地域へ通勤する。この場合,境界線Uは都心部で働く人と副都心で働く人を分離するラインであるとする(第4の選択である都心部に住む人,自宅で働く人を除く)。

以下では都心の経済に影響を与える2つの戦略について考える。

(1)都心地域の車の一般化費用(時間費用など燃料代以外のものを含む)は,駐車料金,混雑税の導入等によって上昇する。これは都心の衰退につながる。自動車費用の上昇はCBDから($B'-B$)マイルに住む人々の実質所得を減少させ,バスによる通勤圏はB'の範囲まで拡大する。これによって,より多くの人々が自宅で働くか,あるいは都心地域で働こうとする労働意欲が低下する。そのためCBDにおける労働供給機能は低下する。また費用の高くつく車利用者は郊外の都市地域で働こうとし,雇用の境界線はU_1にシフトする。郊外の都市地域での仕事に対する競争の激化は,実質所得を減少させ,再び,都市における全体的な労働力の供給を減少させる。従って,一般的に,

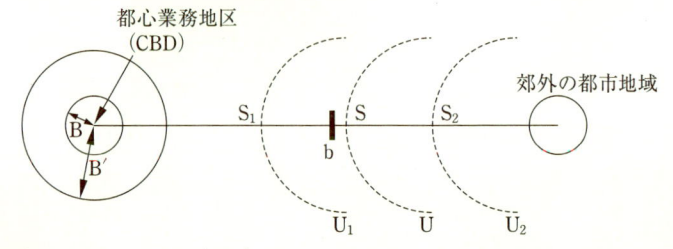

出所:Kenneth J. Button (2010) Transport Economics, 3rd edition, Edward Elgar, p.458.

図24 都市中心部における交通制限と公共交通補助金の影響

CBDの交通制限は労働条件を悪化させ，長期的には産業にとって郊外の用地が魅力的となる。

(2) 補助金を受けた高速バス・サービスが，バス・レーンを使ってbのバス・ターミナルからノン・ストップで都心部に行くものとする。これは，CBDの周辺で公共交通を使っている人々には影響を与えない（車の交通量が少なくなり，混雑がなくなると車のスピードが上昇するといったことはある）が，サービスの一般化費用が車より安いと都心での雇用市場が拡大される。S_2のように遠いところから車によって通勤していた以前の車はbまで運転し，高速サービスに乗り換えることでCBDまでの費用が減少することを知るであろう。従って，UはU_2へシフトする。U_2の左側に住む人々は輸送コストの低下で実質所得が上昇することを知るであろう。実際には，bの左側の人々も都心に行くバスを利用するためにバス・ターミナルまで車で行くかもしれない。そして，都心における労働供給機能は外側へシフトし，産業にとってCBDは魅力的なものになる。また，これまで例えば自宅で仕事をしていた人々もCBDで仕事を見つけることが魅力的であることに気付き，長期的に見ると雇用者にとって郊外の都市地域は魅力的でなくなる。

以上の分析から，交通政策自体は都心部の衰退を阻止することはできないとしても，少なくとも公共交通の改善は都心部の衰退を遅らせる[5]。

4. 都市と道路投資

公共交通の改善が都心部の衰退を遅らせるとしても，道路投資はどのように考えたらよいのであろうか。以下はヤンソンによる説明である[6]。

4.1 古典的なケース

古典的なケースとして1929年のピグーの説明がある。

まず，地点AとBの間に狭い直線的な道路と広くて長い道路があるとする。狭い直線的な道路では自家用車でt_1分，広くて長い道路ではt_0分とする。しかし，総交通量は2つの道路の通過時間がt_0分になるように配分されるであろうとすると，自家用車による道路利用者にとって2つの道路間で差が

なくなる程度まで徐々に狭い直線的な道路において混雑が発生する。問題は，容量拡大のための道路投資をすべきかどうかということである。

広くて長い道路の容量はきわめて大きく，狭い道路の数倍の交通量でも自由に通行できるものとする。狭い直線的な道路の容量が2，3倍になっても以前と同じように混雑が発生し，その結果，広くて長い道路の交通の流れは依然としてかなりのものが存在しているとする。すなわち，両方の道路の通過時間はやはり t_0 分であるとすると，さらに道路投資をしても便益はほとんどなく，投資費用は浪費されることになる。

このような逆説的な結果は，一方の道路の一般化費用（GC）が他方の道路の需要曲線を構成していることを理解すれば明らかになる。広くて長い道路の一般化費用は，しばらくの間，交通量と無関係であるという現在の仮定のもとでは，直線道路に対する需要はほとんど無限に弾力的となる。

以上のことは，混雑緩和のための道路投資は需要が著しく弾力的である場合には無意味であることを考えると容易に理解できる。そして問題はいつまでも解決しないのである。図25では極端なケースを想定しているが，地方の需要が完全に非弾力的なケース(a)と都市部の需要が完全に弾力的なケース(b)とが比較されている。道路投資の便益を利用者の費用節約で考えると，ケース(a)では既存利用者の費用節約は $Q_1(GC_1 - GC_2)$ に等しいのに対して，ケース(b)ではいつまでも $GC_1 = GC_2$ であり，便益はゼロである（図25(b)中の AVC は道路交通の平均可変費用を表す。AVC_1 から AVC_2 へのシフトは投資による道路容量拡大によるものである）。

しかし，もし直線的な道路に適切な料金が課せられると，その道路を利用する一般化費用は時間費用と料金となり，状況は異なってくる。すなわち容量を拡大するための道路投資が認められることになる。その場合，新しい道路投資によって料金は上昇するが，時間費用は低下する。したがって，投資以前と投資後の双方の道路の一般化費用は同一のままであっても，直線道路を選択する人々の時間費用は減少する。

4.2 都市道路投資の評価と交通手段分担問題

良質な公共交通が存在しているために車に対する需要が弾力的である場合

終　章　都市と交通

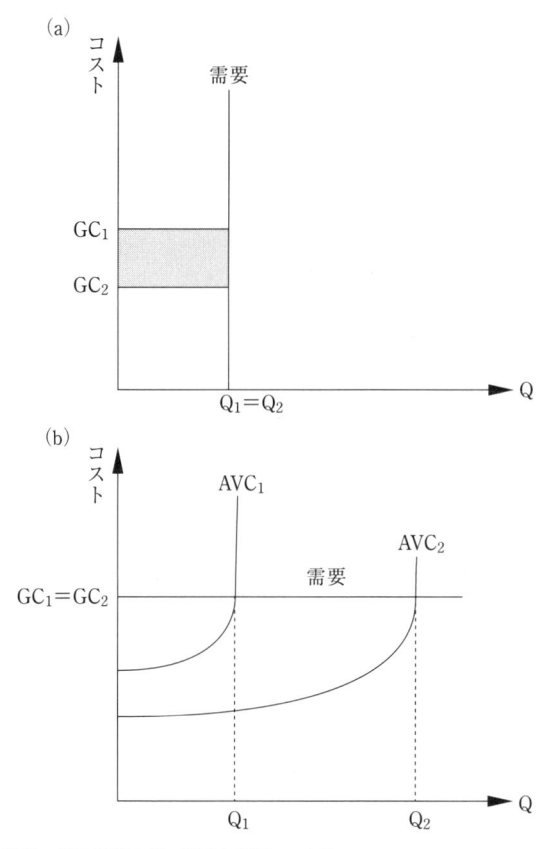

(a)
(b)

出所：第Ⅱ部第2章の図3に同じ，p.233.

図25　地方および都市部の交通需要と道路投資

でも，混雑税がない場合には道路投資の費用便益分析は問題がある。この問題は，ミッシャンやトムソンが研究したものであるが，彼らのモデルはヤンソンが指摘するようにシンプルなもので，ヤンソンは一般的な形で説明した。

(1) ミッシャンの例え話

ミッシャンの例え話は，都市交通における自動車時代とはいかなるものかを極めて簡単に述べたものである。要点は図26によって理解しうる。

第Ⅰ段階として，はじめは全員がバスを利用している。その場合，顧客の

関数としてのバスの一般化費用（GC）は横軸に関して右から左へと読むことに注意してほしい（図27も同じ）。費用逓減のために，全員がバスを利用し，例え話が開始される時のGC_I^{bus}の値（平均値）は最小となる。しかし，車を持った人は，この状況を改善することができる。そこで第II段階では，最初の車利用者のGC_{II}^{car}の値（平均値）はより小さくなる。しかし，車の利用者が増えると，車のGCは混雑のため大きくなっていく。第III段階になると，車が増えたために，車の利用は第I段階のバスで行くより高くなっている。それでも現在のバスのコストより低いので，全員が車を使い，結局バスはなくなる。第I段階と第III段階を比べると第I段階のほうが好ましい。しかし，もうバスはなくなっている。そして，$GC_{III'}^{car}$の値は最高となっているのである。

しかし，ミッシャンのモデルは，郊外から郊外の交通に適用可能（それもいつでもというわけではない）であっても，都心方向への交通には適用できないという問題点をもっていた。それは，郊外から都心方向の路線において，全ての自家用自動車利用者のGCが全てのバス利用者のGCより高いという一般的法則は存在しないからである。それは，いろいろな条件に依存するが，

出所：第II部第2章の図3に同じ，p.234.

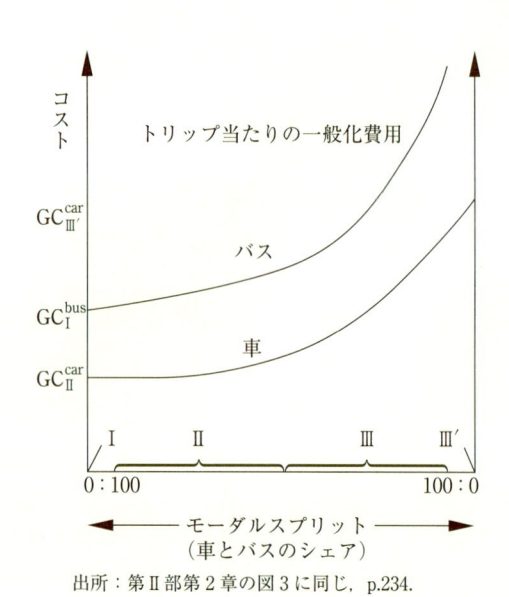

図26　ミッシャンの例え話の図による説明

特に，全体的な交通需要に対する既存の道路容量に依存している。

ただし，ミッシャンの問題提起は，自家用自動車交通の便益について消費者余剰概念を利用すると道路投資が過剰となりうることを示そうとしたことである[7]。

(2) トムソン・モデルとヤンソンの議論

トムソンの主張は，既存の道路容量が潜在的需要に比べて小さい場合，道路容量の拡大による最終的均衡は，道路利用者のみならず公共交通の利用者をも悪化させるというものである。

図27によって説明してみよう（長期的な容量に制約があるために車のGCの値が急速に上昇し，車のGCの値とバスのGCの値が交差している）。ここでは，自動車交通に対する2つのレベルの容量が考察されている。そして，問題は，自動車交通の容量をレベルAからレベルBに拡張する場合の費用と便益は何かということである。

交通手段の間の分担の均衡は，バスのGCの値と車のGCの値が交差する

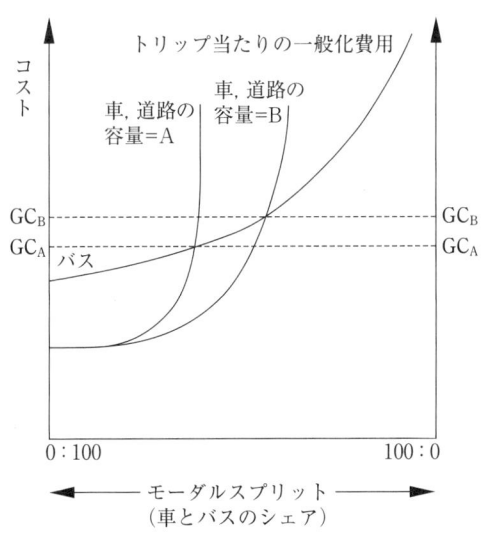

出所：第Ⅱ章第2部の図3に同じ，p.236.

図27　都市の放射状道路の容量拡大効果

時に生じるというのが基本命題である。都市鉄道のない町や市では分離されたバス・レーンやバス専用道路がない限りそうした均衡は生じない。自動車交通の容量を拡大することによって均衡点は右方へ上昇する。その結果は，意図に反して，トリップを行う全ての人々のGCの値は，GC_AからGC_Bへ上昇する。それは，社会的費用の増大も含んでいる（バスのGCを構成する運賃部分は事業者の平均費用に等しいとする）。

道路容量拡大のための費用としては，新しい道路のための膨大な資本費用（それに環境費用が含まれている）が必要となるが，便益はどこにあるのであろうか。通常の道路投資のケースでは資本費用は，道路利用者のランニング・コストの節約という形で示されるのであるが，このケースではそうした節約は存在しない。逆にピーク時には，追加の費用が発生する。オフ・ピーク時のみ若干の便益が見られるのみである。

以上から，トムソンの教訓は，放射状の道路容量の拡大のための需要圧力がいかに大きくても，適切な政策は，道路容量を減らし，公共交通の容量を増大させることであるというものである。

しかし，トムソン・モデルの前提条件には問題があった。例えば，業務用自動車と自家用自動車がトータルの自動車交通を形成し，2つは異なった時間価値をもっている，自家用車と公共交通では都心への路線においてOD（発生地と目的地）は異なっているといったこと等が十分考慮されていなかったことである。そのために，ヤンソンは，より一般的な仮定のもとでトムソンの考え方を証明した。そして，大規模な道路投資は損失をもたらし，適切な政策は道路と通路が分離した公共交通の容量を拡大することであると述べている。

最後に，ヤンソンは，都市構造については以下のように述べている。すなわち，大局的に見ると，交通システムと都市のデザインは相互に依存している。そして，例えば，公共交通が整備され，短距離の移動は歩行，自転車による移動も可能な高密度都市か，伝統的な都市地域が失われても比較的広い郊外に住み，車の生活を享受するような分散的都市のいずれを好むのかといった都市デザインの選択は，その国の政治プロセスによって決まるといってよい。しかし，第2次大戦後の世界の都市を見ると，例えば，環境問題の

観点から好ましいとされる環状道路でも都心部に混雑税が導入されない場合には交通量の増大をもたらすことがあるとしている。そのため，OECD（1975）がかつて提言したような交通量の削減を目標とした都市政策（better towns with less traffic）が好ましいとしている[8]。

このような考え方は都市と交通の歴史を述べたブチックやヨーロッパとアメリカなどの現代都市交通を比較したプーカーなどの議論に通じるところがあるように思われる。

以上，都市における公共交通と自動車の「バランス」問題を検討してきた。個別的には自動車の混雑，大気汚染，軌道系整備のあり方，バスやタクシーの規制緩和の問題などを扱ってきた。これらは経済学的には検討が不十分なところがあるであろうし，異なる見解も存在するであろう。また，本章の都市と交通におけるヤンソンのような考え方についても異なる見解が存在するであろう。しかし，個別の問題を扱った論文は数多くあるが，都市における公共交通と自動車の「バランス」問題を扱ったものは少ないのではなかろうか。あるいは単なる自動車批判であったりする。こうした問題を考えるための一助となることを期待する。

注

1) 正村公宏『経済政策論』東洋経済新報社，1990年，237-260頁。
2) 原田泰，井上裕行「地域経済と交通」『運輸と経済』運輸調査局，第50巻，第6号，1990年6月，51-54頁。
3) 原田泰，井上裕行「地域経済と交通」同上，54頁。
4) 伊藤敏安「「都市対地方」の対立を超えて —— 特集の意図に代えて ——」『季刊中国総研』中国地方総合研究センター，Vol.5-2，No.15，2001年，1-7頁。
5) Kenneth J. Button (1993) *Transport Economics*, 2nd edition, Edward Elgar, pp.35-37.
6) Jan Owen Jansson (1993) "Government and Transport Infrastructure-Investment", In Jacob Polak, Arnold Heertje (eds), *European Transport Economics*, Blackwell, pp.232-239. および E. J. Mishan (1969) *The Price of We Pay*, Staples Press. (E. J. ミッシャン『経済成長の代価』都留重人監訳，岩波書店，1971年，327-339頁）参照。
7) ミッシャンは，「消費者余剰（レント）に関するすべての分析は『その他の事情に変更がなければ』という条件がつきものだが，その『その他の事情』のなかでも特に重要なのは，問題の財貨ないしはサービスと関連の深い代替品および補完品について，その価格が不変であるかどうかという点と，それがどの程度入手可能であるかという点である。財貨 y が例えば財貨 x の代替品として効果的であればあるほど，所与

の価格で x を購入する際の消費者余剰は小さくなる。y の価格を上げ，そしてついにはそれを市場から取り下げてしまうなら，このような措置は，消費者の福祉を減らすと同時に，x購入についての彼の消費者余剰数値を高めるのである」と述べている (E. J. Mishan (1969) *The Price of We Pay*, Staples Press. (E. J. ミッシャン『経済成長の代価』都留重人監訳，岩波書店，1971年，332-333頁))。

8) Jan Owen Jansson (1993) "Government and Transport Infrastructure-Investment", In Jacob Polak, Arnold Heertje (eds), *European Transport Economics*, Blackwell, pp.239-242.

あとがき

　筆者にとって永年のテーマであった都市における公共交通と自動車の「バランス」問題を検討する中で個別の交通政策は別にして，広い意味での交通政策も都市交通の歴史（たとえば電車の歴史）にみられるようにその国の文化に多く影響されていることが理解できたように思われる。ヨーロッパでは都市交通が政府の責任にあるという観点から公共交通の膨大な赤字を認める傾向にある。そしてそれを支持するような経済理論も存在する。しかし，膨大な赤字は税金で負担する以上，一定の歯止めが必要となる。他方，公共交通（特に地下鉄等の軌道系）の自立採算重視論も日本の大都市のように過剰な需要が存在しない限り採算性維持は容易でない。結局，都市における公共交通（特に軌道系）と自動車の「バランス」をはかるためには，自動車は適正な費用負担をすること，都市計画と交通計画を連動させるパッケージ・アプローチといった常識的で大局的な見地が重要となる。日本では大都市では隘路打開のための交通投資ということも必要であろうが，マクロ的には全体として人口の大都市集中を抑えること、地方中枢都市では，地域の地形的な要素も十分考慮しながら，郊外の「著しい」スプロール現象を抑えるといった都市開発あるいは交通政策をすることであろう。こうした観点は最近における欧米のサスティナブルな都市づくりにも共通するように見える。都市計画の専門家である大西隆氏も「眼前の交通需要に対応して交通施設を整備するという近視眼的な交通政策ではなく，土地利用計画と一体化して，交通需要そのものを減少させるような土地利用（住居や職場の分布）を実現することが重要なのである。」と述べている[1]。

　もっとも，交通計画と土地利用計画を連動させることは容易でない。一般的に土地利用と交通計画の間には基本的な相違点があるからである。土地利用計画は交通計画に比べて計画目標は複雑であり，経済状況やライフスタイ

ルに依存するために計画は短期的である。また，土地利用計画の分析手法は地域に応じて変化し，私的な開発を誘導するための計画の実施見込みは低い。一方，交通計画の対象範囲は広域ネットワークで考える必要があり，国などの広域行政での対応が望まれ，多様な関係機関の調整が必要で，予算規模も大きい。こうした理由で両者の足並みを揃えることは容易でないのであるが，対策としては計画時点だけの連携だけでなく，計画実施や事業化段階においても両者のバランスを保つ仕組みを作り出す必要がある[2]。

こうしてみると，やはり土地利用の問題が重要であろう。その場合，わが国の土地利用は都市計画法によって影響を受ける。ここでは詳細な検討はできないが，たとえば，平成4年6月に改正された都市計画法については「改正されても日本の都市計画は本質的には少しも変わらなかった」とする議論もある[3]。

しかし，その後，平成12年成立の改正都市計画法では市街化区域と市街化調整区域の線引きについて3大都市圏を除いて自治体が選べるようになった。こうした動きは否定されるべきものではないであろう。また平成18年には街づくり3法の一環として，都市計画法が改正された。関連して公共交通移動円滑化施設整備事業や中心市街地活性化協議会が法制化された。これらが，サスティナブルな都市づくりに貢献することを期待する。

なお，最近になって大阪のように都市の交通運営組織が問題となってきた。この点については十分検討する余裕はなかったが，運営組織について経済学者である奥野信宏氏は，「都市交通にとって重要なことは，公営であれ民営であれ，要は都市の公共交通ネットワークが都市基盤として効率的に維持されるかどうかである。私は，全市的なネットワークが，市場機構によって張られるかどうかについては懐疑的である。市場の機能はそれほど万全ではない。将来を見据えた自治体による計画がなければ，宅地の乱開発と同じで，細切れの使い勝手の悪い都市交通になってしまう。しかし，全市的な交通計画を持った上で，ネットワークを効率的に運営するために，民間の交通事業者をいかに使うかは検討に値するテーマである。大都市の中心部ではほとんどすべての市民が交通弱者である。規制の緩和によって市場が競争的になっても，地方自治体は，都市の交通において質量とも高い水準を維持する責務

を負っていると考えるべきである。」[4] としている。筆者はこの見解に賛同するものであり，都市交通における自治体の責任は重要となってくるであろう。

　最後に，本著は自動車と公共交通の「バランス」問題を扱っているが，地方中枢都市の経済活性化の必要性も念頭にあった。しかし，わが国の地方中枢都市圏が発展していくためには当然のことながらアジア・太平洋の各都市との競争を視野に入れる必要がある。そして，中枢都市圏が国際的な競争力を高めるためには都市圏内の交通のみならず中枢都市圏相互間の交通が今以上にスムーズにならなければならないことを述べておく。

注
1) 伊藤滋，小林重敬，大西隆『欧米のまちづくり・都市計画制度――サスティナブルシティへの途』ぎょうせい，2004 年，334 頁。
2) 苦瀬博仁「都市交通計画の課題」杉山雅洋，国久荘太郎，浅野光行，苦瀬博仁編著『明日の都市交通政策』成文堂，2003 年，200 頁。
　なお，パッケージ・アプローチの研究としては山中英生，小谷通泰，新田安次共著『まちづくりのための交通戦略』学芸出版社，2000 年，最近では中野宏幸「都市と公共交通」『運輸と経済』運輸調査局，第 71 巻，第 5 号，2011 年などがある。
3) 五十嵐敬喜・小川明男『都市計画』岩波新書，1993 年，22 頁。
4) 奥野信宏「都市交通の将来」『運輸と経済』運輸調査局，第 59 巻，第 10 号，1999 年，50-54 頁。

参考文献

青木真美「西ドイツの運輸連合」『運輸と経済』運輸調査局，第46巻12月号～第47巻7月号，1986年12月～1987年7月。
青木真美「EUの共通運輸政策と鉄道政策」『運輸と経済』運輸調査局，第59巻，1999年5月号。
秋山哲男，中村文彦『バスはよみがえる』日本評論社，2000年。
秋山哲男，沢田大輔「諸外国の高齢者・障害者の交通政策の比較」『道路』日本道路協会，2000年7月号。
荒井一博『信頼と自由』勁草書房，2006年。
五十嵐敬喜・小川明男『都市計画』岩波新書，1993年。
石井晴夫「鉄道事業」石井晴夫編著『現代の公益事業』NTT出版，1996年。
伊藤滋，小林重敬，大西隆『欧米のまちづくり・都市計画制度 ── サスティナブルシティへの途』ぎょうせい，2004年。
伊藤敏安「「都市対地方」の対立を超えて ── 特集の意図に代えて ──」『季刊中国総研』中国地方総合研究センター，Vol.5-2, No.15, 2001年。
伊藤元重『ミクロ経済学』日本評論社，1992年。
伊藤元重編著『日本のサービス価格はどう決まるのか』NTT出版，1998年。
伊藤律子「公共料金の経済理論」『現代日本の公共料金』電力新報社，1992年。
衛藤卓也「高齢化社会のモビリティ政策」『福岡大学総合研究所』福岡大学総合研究所，第238号，2000年。
大野智也『障害者は，いま』岩波新書，1988年。
大路雄司『ミクロ経済学』有斐閣，1993年。
太田勝俊『新しい交通まちづくりの思想』鹿島出版会，1998年。
岡野行秀「わが国運輸行政の問題点」『季刊現代経済』日本経済新聞社，第27巻，1977年夏季号。
岡野行秀，山田浩之編『交通経済学講義』青林書院新社，1974年。
岡野行秀「道路特定財源を支持する」中公新書ラクレ編集部『論争・道路特定財源』中公新書ラクレ，2001年。
岡部豪「新しい旅客鉄道運賃制度」『運輸と経済』運輸調査局，第56巻，第5号，1997年5月号。
奥野信宏「公共料金」上野裕也・小林好宏編著『価格と市場の経済学』有斐閣選書，1976

年。

小瀬達之「交通バリアフリー法の成立と今後の課題」『道路』日本道路協会，2000年7月号。

大沼俊之「高齢者，障害者等の移動等の円滑化の促進に関する法律」『運輸と経済』，第66巻，第9号，2006年9月。

金本良嗣『都市経済学』東洋経済新報社，1997年。

川尻亜紀「米国の都市交通における財源調達をめぐる問題——ニューヨーク NYMTA の事例から」『運輸と経済』第65巻，第4号，2005年2月号。

加納敏幸『交通天国シンガポール』成山堂書店，1997年。

加藤寛「非効率な行政を排除するために必要な道路特定財源見直し」中公新書ラクレ編集部編『論争・道路特定財源』中公新書ラクレ，2001年。

加茂隆康『交通事故賠償』中公新書，1992年。

加茂隆康『交通事故紛争』文藝春秋，1996年。

角本良平『常識の交通学』流通経済大学出版会，1999年。

角本良平「東京の発展と鉄道整備」『運輸と経済』運輸調査局，第59巻，12月号，1999年。

川島武宜『日本人の法意識』岩波新書，1967年。

木谷直俊「都市と交通手段の選択」『三田商学研究』慶応義塾大学商学会，第26巻，第5号，1983年12月。

木谷直俊「英国のローカル・バス合併問題」『高速道路と自動車』高速道路調査会，第35巻，7月号，1992年。

木谷直俊「学会展望——最近の都市交通問題に関する若干の議論」『交通学研究』日本交通学会年報，1997年。

木谷直俊「バリアフリーと交通」『三田商学研究』慶應義塾大学商学会，第43巻第3号，2000年。

木谷直俊「公共交通におけるバリアフリー政策」藤井弥太郎監修，中条潮・太田和博編著『自由化時代の交通政策』東京大学出版会，2001年。

木谷直俊「わが国におけるバス自由化と英国の経験」『修道商学』広島修道大学商経学会，第42巻，第2号，2002年。

木谷直俊「移動制約者と交通サービス」『運輸と経済』運輸調査局，第69巻，第9号，2009年。

久保田尚，小林隆史「住民主体による地区道路改修の可能性と課題に関する実践的研究」『IATSS Review』国際交通安全学会，Vol.22, No.2, 1996年。

久保田尚「まちづくり，まちづくりにおけるバリアフリー」『IATSS Review』国際交通安全学会，Vol.23, No.1, 1997年9月。

久米良昭「道路特定財源制度の分析」中公新書ラクレ編集部『論争・道路特定財源』中公新書ラクレ，2001年。

倉沢資成「自動車事故の費用負担について」『エコノミア』横浜国立大学経済学会，第70号，1981年。

経済企画庁総合計画局編『規制緩和の経済理論』，1989年。

小泉秀樹「都市計画の構造転換」『SHIN TOSHI』新都市協会，Vol.56, No.1, 2002年。

公共料金研究会編『新しい公共料金政策』ぎょうせい，1991年。

児山真也『ロード・プライシングの都市間比較 —— シンガポールとノルウェー』1998年度日本交通学会報告要旨。
近藤宏一「タクシーサービスの多様化と今後の課題」『運輸と経済』運輸調査局，第62巻，第2号，2002年。
土井靖範『交通政策の未来戦略』文理閣，2007年。
土木学会編『交通整備制度』，1991年。
斉藤峻彦『私鉄産業』晃洋書房，1993年。
佐和隆光「誘導措置を欠く温暖化対策」『日本経済新聞』2002年4月22日付け。
杉山雅洋，国久荘太郎，浅野光行，苦瀬博仁編著『明日の都市交通政策』成文堂，2003年。
武田文夫「歴史から見た今日における高速道路の諸問題」『運輸と経済』運輸調査局，第68巻，第3号，2008年3月。
正司健一『都市公共交通政策』千倉書房，2001年。
下川浩一『米国自動車産業経営史研究』東洋経済，1977年。
清水誠「ロンドンにおける都市交通政策の動向と課題」『運輸と経済』運輸調査局，第62巻，2月号，2002年。
鈴木春男「高齢ドライバーに対する交通安全の動機付け —— 交通社会学的視点 ——」『IATSS Review』国際交通安全学会，Vol.35. No.3，2011年2月。
鈴木辰紀『自動車保険』成文堂，1988年。
高橋文利『競争政策・消費税・PL法』中公新書，1994年。
高橋愛典「規制緩和下の地域バス事業」『運輸と経済』運輸調査局，第65巻，第4号，2005年。
舘内端『ガソリン車が消える日』宝島新書，2000年11月。
中条潮監修『ITS産業・経済2001』経済産業調査会，2001年。
寺田一薫『バス産業の規制緩和』日本評論社，2002年。
寺田一薫「バス事業者への新規参入と規制緩和後に残された課題」『運輸と経済』運輸調査局，第65巻，第4号，2005年。
土井正幸『発展途上国交通政策論』勁草書房，1995年。
中村実男「英国における高齢者と身障者のための交通政策」『運輸と経済』運輸調査局，第51巻，11月号，12月号，1991年。
中村貢「保険の社会的役割」『IATSS Review』国際交通安全学会，Vol.11，No.1，1990年3月。
中西健一「交通市場と運賃」中西健一，平井都士夫編著『新版交通概論』有斐閣，1982年。
中西健一『戦後日本国有鉄道論』東洋経済新報社，1985年。
中西健一「交通研究の方法はいかにあるべきか」『季刊輸送展望』日通総合研究所，No.206，1988年。
長山泰久『人間と交通社会』幻想社，1989年。
長山泰久「交通法規および運転者教育にみる国際比較」『IATSS Review』国際交通安全学会，Vol.14，No.4，1988年12月。
西村和雄『ミクロ経済学入門』岩波書店，1986年。
西村弘『クルマ社会アメリカの模索』白桃書房，1998年。

西村弘『脱クルマ社会の交通政策』ミネルヴァ書房，2007年．
西村幸格，服部重敬『都市と路面公共交通』学芸出版社，2000年．
NHK『自動車』NHK出版，1980年．
原田泰，井上裕行「地域経済と交通」『運輸と経済』運輸調査局，第50巻，第6号，1990年6月．
原田泰，井上裕行「タクシーを経済学で考える」『運輸と経済』運輸調査局，第50巻，第7号，1990年7月．
姫野侑「規制緩和はバス輸送を改革できるか」『運輸と経済』運輸調査局，2002年5月号，6月号．
平田一彦「鉄道事業における上下分離論」『運輸と経済』運輸調査局，第62巻，第1号，2006年1月．
藤井聡『公共事業が日本を救う』文春新書，2010年．
藤井弥太郎「都市道路政策」増井健一編著『都市交通講座第2巻，交通と経済』鹿島出版会，1970年．
藤井弥太郎「公共料金の体系」『公共企業論』有非閣，1977年．
藤井弥太郎「高速道路の料金——プール制と画一料率」『道路交通経済』経済調査会出版部，No.4，1978年7月．
藤井弥太郎「交通における公共補助の問題」『交通学研究』日本交通学会，1978年年報．
藤井弥太郎「鉄道整備と開発利益について」『季刊モビリティ』運輸経済研究センター，No.57，1984年10月号．
藤井弥太郎「高速道路の料金政策」高橋秀雄編『公共交通政策の転換』日本評論社，1987年．
藤井弥太郎「鉄道」奥野正寛，篠原総一，金本良嗣編著『交通政策の経済学』日本経済新聞社，1989年．
藤井弥太郎「後半期の高速道路の整備と経営」『高速道路と自動車』高速道路調査会，第41巻，第4号，1998年4月．
藤井弥太郎「道路公団だけをスケープゴートにしていいのか」『中央公論』2001年11月号．
藤井弥太郎「原則無料中の高速料金」『運輸と経済』運輸調査局，第69巻第11号，2009年11月号．
堀雅通「競争時代の鉄道政策」『自由化時代の交通政策』東京大学出版会，2001年．
松尾光芳，小池郁雄，中村実男，青木真美共著『交通と福祉』文眞堂，1996年．
正村公宏『経済政策論』東洋経済新報社，1990年．
三本和彦『クルマから見る日本社会』岩波新書，1997年．
村田稔『車イスから見た街』岩波ジュニア新書，1994年．
村沢義久『電気自動車』ちくまプリマー新書，2010年．
村山隆史「大手民鉄事業者の取り組み」『道路』日本道路協会，2000年7月号．
森田朗『許認可行政と官僚制』岩波書店，1988年．
矢萩清「バス事業者のバリアフリーへの取り組み」『道路』日本道路協会，2000年7月号．
山内弘隆「タクシー規制の考え方」『運輸と経済』運輸調査局，第43巻，第4号，1983年4月．

参考文献

山内弘隆「鉄道運賃」『現代日本の公共料金』電力新報社,1992年。
山内弘隆「交通経済」『経済セミナー』日本評論社,No.473,1994年6月号。
山根敏則「環境負荷の少ない交通システムをめざして」『運輸と経済』運輸調査局,第62巻,第2号,2002年2月。
湯川利和「都市交通」中西健一,平井都士夫編著『新版交通概論』有斐閣,1982年。
山中英生,小谷通泰,新田保次共著『まちづくりの交通戦略』学芸出版社,2002年。
和平好弘「ヨーロッパにおける交通のバリアフリー」『IATSS Review』国際交通安全学会,Vol.23,No.1,1997年。
W. Z. ハーシュ「交通弱者の交通政策」『高速道路と自動車』高速道路調査会,第26巻,第2号,1983年。
山田浩之編著『交通混雑の経済分析』勁草書房,2001年。
吉野正治『市民のためのまちづくり入門』学芸出版社,1997年。

Albert, Michel (1991) *Capitaisme Contre Capitalisme*, Du Seuil（ミシェル・アルベール『資本主義対資本主義』小池はるひ訳,竹内書店新社,1996年）
Banister, D. (1995) "Equity and Efficiency in the Evaluation of Transport Services for Disadvantaged People" In Gillingwater, D. and Sutton, J. (eds.) *Community Transport Policy, Planning, Practice* Gordon and Breach Publishers.
Banister, D., Pucher, J. and Lee-Gosselin, M. (2007) "Making Sustainable Transport Politically and Publicly Acceptable Lesson from the EU, USA and Canada", In Rietveld, P. and Stough, Roger, R., Edward Elgar.
Beesley, M.E. and Glaister, S. (1985) "Deregulating the Bus Industry in Britain-(c) A Response", *Transport Reviews*, Vol.5 (2).
Beesley, M.E. (1991) "UK Experience with Freight and Passenger Regulation", Round Table 83, *ECMT*.
Button, Kenneth J. (1977) *The Economics of Urban Transport*, Saxon House.
Button, Kenneth J. (1993) *Transport Economics*, 2nd edition, Edward Elgar.
Button, Kenneth J., Stough Poger et al. (2006) *Telecommunication, Transportation, and Location*, Edward Elgar.
Button, Kenneth J. (2010) *Transport Economics*, 3rd edition, Edward Elgar.
Bryman, A., Gillingwater, D. and Warrington, A. (1995) "Community-based Transport Coordination Strategies: The UK Experience", In Gillingwater, D. and Sutton, J. (eds.) *Community Transport Policy, Planning, Practice*, Gordon and Breach Publishers.
Cowie, Jonathan (2010) *The Economics of Transport*, Routledge.
Department of Transport (1985) *Buses*, Cmnd 9300, London; HMSO.
Douglas, N. J. A (1978) *Welfare Assessment of Transport Deregulation*, Gower.
Forbes, R. J. (1950) *Man the Maker*, Abelard-Schuman, Inc., New York. (R. J. フォーブス『技術の歴史』田中実訳,岩波書店,1956年)
Glaister, S., Starkei, D. and Thomson, D. (1990) "The Assesment; Economic Policy For Transport, " *Oxford Review of Economic Policy*, Vol.6, No.2（グレイスター他「交通におけ

る経済政策とその評価」『修道商学』木谷直俊訳，広島修道大学商経学会，第33巻2号，1993年）
Gwilliam, K. M., Nash, C.A. and Mackie, P. J. (1985) "Deregulating the Bus Industry in Britain —The Case Against", *Transport Reviews*, Vol.5 (2).
Hanlon, P. (1996) *Global Airlines*, Butterworth-Heineman Ltd. (パット・ハンロン『グローバルエアライン』木谷直俊，山本雄吾，石崎祥之，新納克廣，内田信行訳，成山堂，1997年）
Mallard Graham and Glaister Stephen (2008) *Transport Economics*, Palgrave.
Jansson, Jan Owen (1993) "Government and Transport Infrastructure-Investment", In Jacob Polak, Arnold Heertje (eds.) *European Transport Economics*, Blackwell.
Kennedy, D. (1995) "London bus tendering: an overview", *Transport Review*, Vol.15, No.3.
Frankena, Mark (1979) *Urban Transport Economics*, Butterworth (マーク・フランケナ『都市交通論』神戸市地方自治研究会訳，勁草書房，1983年）
Mackie, P. E., Preston, J. M. (1996) *The Local Bus Market*, Avebury.
Mackie, P. E. (1999) "Regulation or competition", *ECMT*.
McKenzie, Richard B. and Tullock, Gordon (1975) *New World of Economics*, Richard, D. Irwin, Inc. (R. マッケンジー，G. タロック『新経済学読本』大熊一郎，鵜野公郎訳，秀潤社，1977年）
Mishan, E. J. (1969) *The Price of We Pay*, Staples Press. (E. J. ミッシャン『経済成長の代価』都留重人監訳，岩波書店，1971年）
Nash, C. A. (1976) *Public versus Private Transport*, The Macmillan Press Ltd.
Nash, C. A. (1982) *Economics of Public Transport*, Longman Group Limited (C.A. ナッシュ『公共交通の経済学』衛藤卓也訳，千倉書房，1991年）
Nash, C. A. (1993) "British Bus Deregulation", *The Economic Journal*, Vol.103, No.419, July, Blackwell Publishers.
OECD (2000) *Integrating Transport in the City*.
Peter Newman and Jeffrey Kenworthy (1988) *Sustainability and Cities*, Island Press.
Pucher, J. and Lefevre, C. (1996) *The Urban Transport Crisis in Europe and North America*, Macmillan (プーカー，ルフェーブル『都市交通の危機——ヨーロッパと北アメリカ』木谷直俊，内田信行，山本雄吾，西村弘訳，白桃書房，1999年）
Savage, I. (1993) "Deregulation and Privatization of Britain's Local Bus Industry", *Journal of Regulatory Economics*, Vol.5.
Sutton, J. and Gillingwater, D. (1995) "The History and Evolution of Community Transport", In Gillingwater, D. and Sutton, J. (eds.) *Community Transport Policy, Planning, Practice*, Gordon and Breach Publishers.
Schaeffer, K. H. and Schla, Elliott (1980) *Access for All*, New York, Columbia University Press.
Teal, Roger F. and Berblund, Mary (1987), The Impacts of Taxicab deregulation in the USA, *JTEP*, 1987, January.
Weiner, E. (1999) *Urban Transportation Planning in the United States*, Praeger.
White, P. (1995) "Deregulation of local bus services in Great Britain: an introductory review",

Transport Review, Vol.15 (2).
White, P. and Tough, S. (1995) "Alternative Tendering Systems and Deregulation in Britain", *JTEP*, XXIX(3), September.
Vuchic, Vucan R. (1981) *Urban Public Transportation*, Prentice Hall, Inc. (ブーカン・R. ブチック『都市の公共旅客輸送』田仲博訳, 技報堂出版, 1990年)

索　引

〈あ行〉
相乗りタクシー　152
赤字ローカル線　15
赤旗法　14
アトランタ　154
アバーチ・ジョンソン効果　110
アメリカ型資本主義　15
アメリカ人障害者法　81
アメリカ的生活様式　21
アメリカの都市　18, 20
アルベール　15
安全問題　22
イギリス交通法　134
慰謝料　99
逸失利益　99
一般化費用　54, 170
一般財源　71
一般有料道路　42
ETC　75
移動制約者　83, 86
伊藤敏安　167
井上裕行　167
イノベーション　138, 153
医療費　97, 101
岩田規久男　158
インフラ整備　3
売上税　24
運営協議会　146
運行経費　25
運行費用　139
運賃　139
運賃規制　133
運賃水準　155
運賃制度　126
エジソン　11
SO_2　59
NO_x　59, 63
NPO　89, 145, 146

エネルギー問題　22
LRT　77, 124
エレクトリック・トラムウェイ　10
エレクトロニック・ロード・プライシング　37
欧米の都市交通　7
大西隆　177
岡野行秀　74, 158
奥野信宏　178
汚染権　60
汚染者負担原則　64
オドリー　8
オフ・ピーク時　114
オムニバス（オムニビュス）　8, 9, 10
オムネ・オムニビュス　8

〈か行〉
回避可能費用　50
外部補助　132
価格メカニズム　ii, 37, 60, 68
画一料金制　43, 46
画一料率　52
貸切バス　125, 143
過失相殺　98
過剰診療　95, 101
架線　12, 13
ガソリン車　70
ガソリン税　73
価値の尺度　34
合併　138
過当競争　149
加藤寛　73
カー・フリー・ゾーン　21
加茂隆康　98, 101
環境汚染　i
環境自動車税　76, 77

環状道路　174
幹線道路　71
気候変動枠組条約締約国会議　60
技術的コントロール　33
規制緩和　15, 27, 28, 30, 115, 116, 128, 139, 143, 148, 152, 154, 158, 159
軌道系交通　2
揮発油税　72
規模の経済（性）　107, 116, 126, 129, 131, 132
救済基金　102
旧日本鉄道建設公団方式　120
強制保険　100
競争可能性（コンテスタビリティ）　116
競争入札　28, 134
共通費用　50
京都会議　60
京都議定書　29, 60, 71
共謀の可能性　112
寄与過失　98
許可制　150
巨大都市の生成　161
ギリアム　135, 141
久米良昭　74
グリップマン　10
クリーブランド　11
クリーム・スキミング　116
車の購入権　37
車の保有　17, 18
車の利用　18
グレイスター　135, 141
経営権の委譲　138
経済的コントロール　33
軽自動車税　72

索引

軽油　63
軽油引取税　72
ケーブル・カー　10
限界環境費用　66, 68
限界混雑費用　131
限界削減費用　67
限界私的便益　64
限界純私的便益　66
限界費用　35, 44, 112
限界費用価格形成原理　44, 108, 109, 114
限界費用曲線　35
限界費用料金論　109
限界不利益　162
限界利益　162
減価償却費　44
健常者　86
公営地下鉄　118
公営方式　11
高規格幹線道路　50
公共交通　i, 3, 7, 15, 20, 25, 29, 76, 77, 170, 173, 174
公共交通サービス　18
公共交通の財源的危機　25
公共交通の民営化　25
格子状幹線道路　14
公正妥当の原則　42
公正報酬率　110
公設民営方式　124
高速自動車国道　42, 50
コーチ　7
交通計画　79, 177
交通混雑　i
交通事故死傷者数　94
交通弱者　3
交通需要管理政策　77
交通需要マネジメント　38
交通政策　15, 29
交通バリアフリー法　81
交通問題　1
公平の問題　23
公民権　84
効用曲線　164, 165
高齢者の事故　84
互換性部品方式　14
個客サービス　157
国鉄　15
国鉄の分割民営化　118
「5スウの馬車」　7

個別費用　50
雇用者の株式所有プログラム　138
混雑　170
混雑・環境問題　22
混雑税　34, 39, 77, 171, 174
混雑率　1
コンテスタブル　136
コンテスタブル・マーケット（の理論）　116, 117, 158

〈さ行〉

再規制　15, 142, 154, 158, 159
財源問題　23
最高運賃規制　149
最高運賃制　155
最適交通量　35, 77
最適補助　77
財の必需性　107
サスティナブル（持続可能な）都市づくり　iii, 177
サービス　155
サービス規制　107
サービスの質に関する契約　141
サベージ　132
差別価格　114
酸性雨　60
三大都市圏　2
参入規制　107, 115, 116, 133, 148, 149, 150, 151
参入阻止戦略　137
JR　15, 118
自家用乗用車　1, 76
時間費用　35
事業報酬　110
資源の効率的配分　ii
死重的損失　36, 39
市場化　15
市場行動　139
市場メカニズム　64, 164
自然独占　115
自治体　87
自転車専用道路　21
自動車依存型社会　17
自動車依存度　3
自動車売上税　24
自動車交通　173, 174

自動車事故　1
自動車重量譲与税　72
自動車重量税　71, 72, 74, 76
自動車取得税　72
自動車税（制）　62, 72, 76
自動車損害賠償責任保険（自賠責）　95, 98, 100
自動車と公共交通のバランス　i, ii, 3, 161, 175, 177
自動車の普及　13
自動車の保有　25
自動車保有台数　2, 18, 62
資本費　44, 119
資本費の時間プール制　120
ジーメンス　10, 11
社会福祉法人　146
車種間比率　50
車種別料金　49
自由化論　151
収支均等制約下での総余剰最大化　121
収支制約下で余剰最大　112
住宅地の需要曲線　162
集中のデメリット　162
集中のメリット　162
集約　126
受益者負担　74
需給調整　156
熟練労働者　14
首都高速道路（公団）　41, 52
需要曲線　35
需要の価格弾力性　113
需要のコントロール　33
需要の弾力性　107, 112
純最適料金体系　113
償還主義　42, 43, 45, 120
蒸気機関　9
蒸気自動車　13
商業用地の需要曲線　162
上下分離方式（制度）　52, 121, 122
上限価格制　111
消費者物価指数　111
消費者余剰　36, 46, 54, 97, 108, 129, 132, 173
所得補助　86

索　引

シリビア　8
シンガポール　37
新技術　69
人口移動　164, 165
人口密度　17
新古典派経済学　71
人身障害保障保険　102
杉山武彦　61
スクールバス　125
鈴木春男　94
ストリート・レールウェイ　9, 10
スティーム・ドリブン・オムニバス　10
ステップ・レール　9
スプレーグ　11
スペシャル・トランスポート・サービス（STS）　ii, 83, 87, 88, 89, 146
角本良平　122
スモール・ハンドレッド　70
生産者余剰　46, 108, 129
生産設備の不可分割性　116
セカンド・ベスト　109
責任論　97
石油ガス税　72
セダンチェア　7
選択運賃制　149, 156
戦略的行動　137
総括原価（主義）　109, 111, 126
総余剰　46
総量規制　154
即時財　145
損害論　97

〈た行〉
第1次石油ショック　72
第1次大戦　12, 14
第1次道路整備5カ年計画　41
第1種鉄道事業　118
大気汚染問題　2
第3種鉄道事業　118
大都市　2
第2次交通戦争　2
第2次大戦　25, 174
第2種鉄道事業　118

タクシー　34, 143, 148, 156
タクシーの規制緩和（問題）　ii
タクシーの自由化　150, 151
武田文夫　53
舘内端　59
田中角栄　72
ダブル・デッカー　9
ターミナル・チャージ　49
タロック　108
短期限界社会費用曲線　130
炭素税　77
地域公共交通活性化・再生法　124
地域独占　126
チェアマン　7
地下鉄　118
地下鉄建設　119
地価の高騰　1
地価埋設銅線との地表面接続　13
地球温暖化　59
窒素酸化物　2, 62
地方圏　3
地方中枢都市　164, 179
地方道　71
地方道路公社法　41
地方道路譲与税　72
地方都市　2
駐車料金　29
中枢都市圏　179
長期限界社会費用曲線　130
通勤・通学混雑　1
積み上げ方式による総括原価　109
低価格リスク細分型自動車保険　102
ディーゼル・エンジン　63
ディーゼル車　62
適正原価　109
鉄道運輸施設整備支援機構　118
鉄道事業者　13
鉄道事業法　118
鉄道投資　54
デマンド・バス　143, 145
寺田一薫　143
電気自動車　61, 70

電車　9, 10, 12, 13
電話予約市場　152
同一地域同一運賃　148, 154, 158
東京地下鉄株式会社（東京メトロ）　118
東京都　38
道徳心の低下　97
道路運送法　145, 148, 150
道路建設　33
道路構造令　90
道路公団　15, 52
道路公団民営化　50
道路交通公害　1
道路混雑　33
道路財源　23
道路整備特別措置法　41
道路での競争　27
道路投資　170, 174
道路の拡幅　33
道路の機能分化　33
道路のための競争　27
道路法　90
道路利用者税　23, 24
特定財源　71
特定バス　125
独立採算　131
都市計画　79, 163
都市計画法　178
都市構造　13, 14, 16, 17
都市構造の分散化・郊外化　15
都市高速道路　42
都市交通　16, 17
都市交通政策　23
都市交通の国際比較　17
都市交通問題　2, 22
都市政策　15
都市の一極集中　3
都市の土地利用パターン　21
都心業務地区（CBD）　168, 169
土地利用規制　28
土地利用計画　177
土地利用政策　28
トムソン　171, 173
トロリー・バス　12

〈な行〉

内燃機関　13
内部補助　47, 52, 107, 115, 129, 132, 134, 135, 139
中日本高速道路　52
ナッシュ　135, 146
ナント　8
南北戦争　9
二酸化炭素（CO_2）　2, 59
西日本高速道路　52
二重運賃　148
西ヨーロッパ（の都市）　17, 20
ニッチ・マーケット　137
二部料金制度　132
日本道路公団　41
入札方式　142
ニュージーランドの事故補償法　102
ニューヨーク　8, 9
ニューヨーク都市運輸公社（NYMTA）　26
任意保険　100
認可制　150
燃料規制　70
燃料税　29
燃料代　35
ノーマライゼーション　84, 86
乗合タクシー　143, 156
乗合バス　125, 143

〈は行〉

排出ガス規制　69
排出権取引　60
ハイブリッド自動車　ii, 61
馬車業者　14
ハーシュ　84
パスカル　7
バス・サービス　28
バス・サービスの質に関するパートナーシップ　141
バス・ターミナル　169
バスの規制緩和（問題）　i, ii, 128, 133
派生需要　145
ハックニー・コーチ　7, 8
パッケージ・アプローチ　79
バッテリー駆動方式　13
バッテリー利用の自動車　13
バットン　64, 78, 79, 167
ハートビル法　83
バニスター　29
パブリック・コーチ　7
原田豊　167
パラトランジット　84
バリアフリー　81
範囲の経済性　153
阪神高速道路（公団）　41, 52
PM　63
比較過失　98
東日本高速道路　52
東ヨーロッパ　20
ビグー　169
ビグー的課税　60
ピーク時　114
ピーク・ロード・プライシング　113
PCCカー　12
ビーズリー　135
費用逓減産業　109
頻度の外部性　159
ファイアレス・スティーム・エンジン　9, 10
フェアリターン方式による総括原価　110
フォードT型　14
ブーカー　17, 29, 79, 167, 175
不完全コンテスタブル　136
福祉移送サービス　89
福祉・介護タクシー　156
福祉輸送サービス　89
福田越夫　74
藤井弥太郎　51
ブチック　7, 14, 175
物的尺度　34
部分的効率性　71
プライス・キャップ制　111
フランケナ　129, 130, 132
フリーエンタープライズ　12
フルコスト原理　109, 112
プール制　43, 46
プレストン　136, 141
（浮遊）粒子状物質　2, 62
分散化傾向　29
平均費用曲線　35
平均費用原理　109
便益主義（の原則）　42, 43
ベンチャービジネス　64
放射状幹線道路　14
放射状道路　39
歩行者の交通　24
補助金　25, 126
補助制度　127
ホース・カー　9
ポスト京都議定書　61
ホース・トラム　9
ホフマン方式　99
ホワイト　134
本州四国道路　52
本州四国連絡橋公団　41
本州四国連絡道路　42

〈ま行〉

マイカー元年　1
マイカー規制　34
埋設式レール　9
埋没費用　116, 136
マッキー　135, 141
マッケンジー　108
ミッシャン　171, 172, 175
三元和彦　63
ミディバス　138
ミニバス　137, 138
民営化　15, 27, 30, 51, 52
メトロポリス　14
モーター・バス　9
モータリスト　35
モータリゼーション　1, 94
モラルハザード　97

〈や行〉

ヤードスティック方式　111
山根敏則　77
ヤンソン　39, 53, 79, 169, 171, 174, 175
有料橋　42
有料制　41
有料道路（事業）　41, 43

有料道路無料化論　76
有料渡船施設　42
輸送分担率　20
用地費　45
予算線　86
ヨーロッパの都市　18

〈ら・わ行〉
ライプニッツ方式　99
ライン型資本主義　15
ラムゼイ価格　ⅱ, 44, 50, 112, 113, 119, 121
ラムゼイ価格の時間版　120
利子　44
料金規制　107, 116, 148, 151
料金差別　109
料金プール制　43
利用者料金　74
ルイ14世　7
ルフェーブル　17, 18
劣加法性　115
レート・ベース　110

連邦道路法　14
路面電車　13, 14, 29
ロード・プライシング　34
ロンドン　8, 9、37
ロンドン地域交通法　135
ワイナー　152
和平好弘　87

〈著者紹介〉

木谷直俊（きだに　なおとし）

昭和 19 年生まれ
昭和 51 年 3 月，慶應義塾大学大学院商学研究科博士課程単位取得退学
平成元年から現在，広島修道大学商学部教授

著書
『地域経済の現状と課題』（共）広島修道大学学術交流センター，平成 4 年
『自由化時代の交通政策』（共）東京大学出版会，平成 13 年
『都市交通』（単）広島修道大学学術交流センター，平成 15 年
『初めての国際商学』（共）フタバ図書，平成 16 年
『航空需要の増大と航空・空港問題』（単）広島修道大学学術交流センター，平成 19 年

翻訳書
リーガス・ドガニス『エアポートビジネス』（単）成山堂，平成 6 年
マイケル・ウォーターソン『企業の規制と自然独占』（共）晃洋書房，平成 8 年
パット・ハンロン『グローバルエアライン』（共）成山堂，平成 9 年
ブーカー・ルフェーブル『都市交通の危機』（共）白桃書房，平成 11 年
スティーブン・ページ『交通と観光の経済学』（共）日本経済評論社，平成 13 年
リーガス・ドガニス『21 世紀の航空ビジネス』（共）中央経済社，平成 15 年
ラモン・ディミュリアス『国際航空輸送の経済規制』（単）広島修道大学学術交流センター，平成 23 年

広島修道大学学術選書 53
都市交通政策概論
―― 自動車と公共交通 ――

2012 年 3 月 31 日　初版発行

著　者　木　谷　直　俊
発行者　五十川　直　行
発行所　㈶九州大学出版会
　　　　〒812-0053 福岡市東区箱崎 7-1-146
　　　　　　　　　　九州大学構内
　　　　電話 092-641-0515（直通）
　　　　振替 01710-6-3677
　　　　印刷 城島印刷㈱／製本 篠原製本㈱

© Naotoshi Kidani 2012　　　ISBN 978-4-7985-0073-7